Trem para Ucrânia

VIAGEM A UM LUGAR DE ONDE TODOS QUEREM SAIR.

CB033646

"Paz sem voz não é paz. É medo."
Marcelo Yuka (1965-2019)

RODRIGO LOPES

Trem para Ucrânia

VIAGEM A UM LUGAR DE ONDE TODOS QUEREM SAIR.

BesouroBox

1ª edição / Porto Alegre-RS / 2022

Capa e projeto gráfico: Marco Cena
Produção editorial: Maitê Cena e Bruna Dali
Revisão: Marjori Michelin
Produção gráfica: André Luis Alt

Dados Internacionais de Catalogação na Publicação (CIP)

L864t   Lopes, Rodrigo
        Trem para Ucrânia: viagem a um lugar de onde todos querem sair. / Rodrigo Lopes. - Porto Alegre: BesouroBox, 2022.
        152 p. ; 14 x 21 cm

        ISBN: 978-65-88737-85-9

        1. Literatura brasileira. 2. Memórias – jornalismo. 3. Jornalismo - memória. 4. Guerra. I. Título.

CDU 821.134.3(81)-94

Bibliotecária responsável Kátia Rosi Possobon CRB10/1782

Todos os direitos desta edição reservados a
Edições BesouroBox Ltda.
Rua Brito Peixoto, 224 - CEP: 91030-400
Passo D'Areia - Porto Alegre - RS
Fone: (51) 3337.5620
www.besourobox.com.br

Impresso no Brasil
Setembro de 2022.

A minha mãe, Rejane, cujo amor me deu a vida.
A Fran, em cuja vida dei o meu amor.

Sumário

Prefácio

Guga Chacra*

O motorista dominicano ligou para a filha e começou a chorar. Descreveu o Haiti após o terremoto como apocalipse. E era mesmo. Havíamos acabado de cruzar a fronteira que separa o território haitiano da República Dominicana. Estávamos eu, o Rodrigo Lopes e o cinegrafista Fernando Rech, além da pessoa que dirigia o carro, Miguel. Depois de sair de Porto Príncipe e atravessar algumas dezenas de quilômetros pelo interior dessa nação caribenha, com um lindo lago de águas calmas no caminho, chegamos ao posto fronteiriço que separa os dois países da Ilha de Hispaniola — um deles colonizado pela França e outro, pela Espanha.

Ninguém pediu para olhar nossos passaportes. O racismo era claro. Negros haitianos eram barrados. O resto podia passar para a República Dominicana. Encerrávamos dias de cobertura de um dos episódios mais trágicos da história recente da humanidade. Um terremoto havia devastado a capital haitiana. Centenas de milhares de mortos. Corpos nos escombros de edificações destruídas. O palácio presidencial no chão. Ao longo daquela semana, eu, o Rodrigo e outros jornalistas brasileiros ficamos alojados em uma tenda na base brasileira da MINUSTAH, como eram conhecidas as forças de paz da ONU para o Haiti. Durante o dia, saíamos para fazer reportagens pela capital Porto Príncipe. Algumas vezes, também pelo breu da noite haitiana em lugares como Cité Soleil, uma das áreas mais perigosas dessa cidade, ainda dominada por gangues armadas.

Estávamos meio que anestesiados naquela semana. Eu, pelo menos, estava. A ficha apenas caiu quando ouvi a ligação do motorista para a filha. Fiquei com lágrimas nos olhos. Todas as cenas do Haiti começaram a voltar para a minha memória. Olhei para o lado e vi que o Rodrigo e o cinegrafista também ficaram emocionados. Paramos em um bar na primeira cidade. Parecia interior do Brasil. Não fosse a língua espanhola, seria difícil diferenciar. Pedimos refrigerantes. Um dominicano, com todo o seu preconceito, disse que o Haiti era amaldiçoado por algumas práticas de religiões de matriz africanas. Voltamos para a estrada e seguimos juntos até Santo Domingo. O Rodrigo e seu cinegrafista ficaram mais uma noite em um hotel na cidade, enquanto eu segui com Miguel de carro pelo Malecón, como é chamado o calçadão à beira-mar, até chegarmos ao aeroporto, onde embarquei para Nova York.

Nunca esquecerei daquela viagem. Em um dos momentos mais marcantes da minha carreira e mesmo da minha vida, estava ao lado de um jornalista craque como o Rodrigo. Havia aquele sentimento de parceria, de admiração mútua, em vontade de mostrar o que acontece no mundo para a nossa audiência no Brasil. O que me marcou muito no Rodrigo foi sua versatilidade, ao trabalhar simultaneamente para a TV, fazendo reportagens para a RBS, para o jornal Zero Hora e também para a rádio. Era o único que conseguia atuar em todos os meios de comunicação. Mais importante, com excelência. Talento jornalístico puro.

Com o passar dos anos, migrei da reportagem para os comentários na TV. Sinto falta até hoje. O Rodrigo, no entanto, seguiu como repórter de grandes coberturas internacionais. Sejam terremoto no Haiti, eleições em nações da América Latina e nos EUA e conflitos no Oriente Médio. Neste ano, quando Vladimir Putin ordenou que suas tropas invadissem a Ucrânia, o Rodrigo já estava a postos para realizar essa cobertura. Viajou para a Ucrânia para mostrar ao público brasileiro e especialmente o gaúcho o que acontecia nessa violenta guerra. Trouxe histórias de vítimas desse conflito, mas sempre também dando todo o contexto geopolítico. Tenho certeza de que vocês irão gostar desse livro como eu gostei. Jornalistas como o Rodrigo são fundamentais. São suas reportagens que, no fim, marcam a história. De Porto Alegre a Kiev, o Rodrigo é sinônimo de cobertura internacional.

Guga Chacra
Nova York, 17 de agosto de 2022

* Guga Chacra é comentarista internacional da Globonews, da TV Globo e da CBN em Nova York. Escreve também uma coluna para jornal O Globo. Foi correspondente da Folha de S. Paulo em Buenos Aires e de O Estado de S. Paulo no Oriente Médio e posteriormente nos EUA.

Trem para Ucrânia

As luzes do vagão se apagam. Estou dentro do território ucraniano, a bordo de um trem antigo da companhia estatal Ukrzaliznytsia, com paredes de madeira e que estala todo ao avançar, alternando períodos de baixa velocidade com paradas bruscas. Anda, para, retoma a viagem e a interrompe de novo, como se tateasse o perigo à frente.

Estou hipervigilante. Busco identificar cada ruído do atrito das rodas com os carris de aço dos trilhos. O apagar das luzes silenciou as conversas ao redor. Meus companheiros de viagem, até então capazes de desprender um sorriso ou de trocar algumas palavras com desconhecidos vizinhos de poltrona, agora, estão apreensivos. Posso sentir suas respirações, enquanto reflito sobre quem, além de jornalistas, soldados e trabalhadores voluntários, teria a insensatez de embarcar neste trem.

É 2 de março de 2022. Estamos no sétimo dia de guerra. Sou informado por um passageiro que apagar as luzes do trem que saiu da Ucrânia abarrotado de refugiados — e retorna agora trazendo poucos viajantes — é uma estratégia para evitar chamar a atenção da aviação russa. Acredito que Vladimir Putin, em seu afã de redesenhar o mapa da Ucrânia na base do canhão, poupará, ao menos, os civis. Um ataque ali, tão perto da fronteira com a Polônia, país integrante da Organização do Tratado do Atlântico Norte (OTAN), dragaria a aliança militar para o conflito. Teríamos a III Guerra Mundial.

Não, Putin não faria isso.

Mas é melhor não arriscar. O trem entre Przemyśl, na Polônia, e Lviv, na Ucrânia, avança no escuro, aos trancos e barrancos. Quarenta e quatro pessoas viajam no penúltimo vagão, onde estou. A maioria, homens. Poucas mulheres. Nenhuma criança.

Três horas é tempo suficiente para sentir todos os medos, passar a vida a limpo, pensar na morte e tentar afastar fantasmas: prevejo uma bomba que cairá à frente, destruindo os trilhos; um míssil disparado contra o trem, que, rapidamente, se tornará uma bola de fogo; milícias invadindo os vagões e sequestrando passageiros; ou, do lado de fora, uma saraivada de tiros de fuzil estilhaçando os vidros das janelas e nos matando um a um.

A escuridão alimenta demônios. Sem chip ucraniano, meu celular deixará de funcionar em algum momento. Aproveito o sinal fraco para transmitir, ao vivo, o primeiro boletim de dentro da Ucrânia para a Rádio Gaúcha. Minha voz sai trêmula, denunciando o nervosismo. Opto por frases curtas. Inspiro, puxo o ar lá do fundo. Expiro lentamente. Kelly Matos e Paulo Germano, colegas no estúdio em Porto Alegre, perguntam para onde vou, se tenho onde ficar e o que as pessoas estão conversando a bordo — ao menos aquelas que já se acostumaram à escuridão. As questões me arrancam do quase transe, me obrigam a raciocinar. Respondo às perguntas e desabafo:

— As luzes do trem se apagaram.

Ao desligar o telefone, observo o WhatsApp. Há várias mensagens de amigos, colegas e familiares:

— Tudo vai ficar bem.

— Estamos orgulhosos.

— Te cuida.

Passo o polegar direito sobre a tela do smartphone até a última mensagem de Olena, meu contato em Lviv, que havia combinado de me buscar na estação central e me conduzir até a casa de um amigo. Como cheguei até ela, uma ucraniana que fala português, é uma história longa, que faz parte do método contemporâneo de cobrir guerras, e que contarei adiante:

— Consigo chegar à estação só por volta das 7h da manhã. Até lá, temos toque de recolher. É proibido sair para a rua. Se você chegar antes, me espere na estação.

Este é o momento em que me sinto mais sozinho: a bordo de um trem, dentro do território da Ucrânia, minha fonte não irá me buscar e meu celular vai perdendo o sinal aos poucos. Fico com meus pesadelos.

São 20h25min na Ucrânia. Se tudo correr bem, calculo chegar às 23h25min a Lviv, a 80 quilômetros da fronteira polonesa. Terei de ficar no mínimo oito horas na estação central. Provavelmente, meu celular não funcionará. Tampouco terei internet. Sinto-me abandonado, inseguro. Estou irritado: o alerta de Olena poderia ter chegado antes. Se isso tivesse ocorrido, talvez eu não entrasse naquela fila do trem, na estação de Przemyśl. Para os ucranianos que conseguem sair de seu país, aquela plataforma número cinco é o primeiro passo para uma nova vida. A salvação. Longe das bombas, da explosão feroz e ensurdecedora dos mísseis, é ali que pisam, pela primeira vez, em solo seguro. Estão na Polônia, na União Europeia. No sentido contrário da rota do desespero, foi dali que parti. Foi meu portal para a guerra.

Guerra no coração da Europa

— Começou, Rodrigo Lopes?

É a pergunta que ouço do outro lado da linha, à meia-noite e meia de 24 de fevereiro de 2022 em Porto Alegre. São 5h30min em Kyiv. As ameaças de Vladimir Putin aos países do Ocidente, caso decidissem pela interferência no conflito, eram transmitidas praticamente no mesmo instante em que a capital ucraniana era sacudida por explosões.

— Começou! Começou! — respondo, sentado à mesa de meu apartamento, na capital gaúcha, ao jornalista Rafael Colling, no microfone da Rádio Gaúcha.

Tenho noção de que as palavras que eu disser ficarão gravadas, como um relato para a História: os primeiros minutos de uma Ucrânia sob ataque.

É meu segundo dia de trabalho desde o retorno das férias. Durante 15 dias de viagem por Uruguai e Argentina, raros foram os momentos em que consegui pensar em outra coisa que não fosse no provável conflito no Leste Europeu. Com Putin acumulando tropas nas fronteiras da Ucrânia desde novembro, a invasão, como os relatos dos serviços de inteligência americana alertavam, era iminente. Ninguém quer guerra. Mas, se houver, quero estar por perto para reportá-la. É minha maneira, entendo, de contribuir para a sociedade.

Dmytro Kuleba, ministro dos Negócios Estrangeiros da Ucrânia, escrevia, àquela altura da madrugada de 24 de fevereiro, na rede social Twitter, que a Rússia lançara "uma invasão em larga escala" ao território ucraniano. "Cidades pacíficas" do país estavam "sob ataque". Por volta de 4h, o ministro ucraniano recebera os primeiros sinais da "guerra de agressão" que se iniciava. Depois, a escalada foi ininterrupta, com pelo menos 203 ataques russos denunciados pelas forças ucranianas.

Antes das 5h, os soldados de Putin desembarcavam em Odessa, nas margens do Mar Negro, de acordo com as autoridades ucranianas. Outros militares rumavam para Kharkiv.

Nos arredores de Kyiv ocorriam as primeiras explosões. A invasão avançou em três frentes. A Ucrânia, sob o comando de Volodymyr Zelensky, um ex-ator de série de TV eleito presidente em abril de 2019, aplicou lei marcial a todo o território. Antes das 6h, as sirenes começaram a soar na capital, alertando para os ataques aéreos.

A situação era muito grave. Tratava-se da invasão do território de um país soberano e independente. Putin estava ignorando a existência da Ucrânia enquanto Estado. Ao mesmo tempo, com essa agressão, estava redefinindo a estrutura de segurança europeia estabelecida no pós-Guerra Fria.

A invasão começara enquanto a Rússia presidia uma reunião do Conselho de Segurança da Organização das Nações Unidas (ONU), em Nova York, cujo objetivo anunciado era, em um esforço final, evitar o conflito. Ou seja, ao mesmo tempo em que os diplomatas do Kremlin supostamente negociavam a paz nos Estados Unidos, a 7,5 mil quilômetros a leste dali, seus tanques davam início à guerra.

Passo boa parte da madrugada ao microfone, ao vivo, e continuo na manhã seguinte. Às 8h01min, recebo em meu celular uma mensagem de Nilson Vargas, gerente-executivo da Rádio Gaúcha, GZH e Jornais do Grupo RBS:

— Lopes, creio que estejas acordado e não sei se chegaste a dormir. Preciso te perguntar se estás pronto, caso a gente decida ir para a Europa, ocupar algum posto por lá. Se sim, qual seria o plano?

Percebo que dois anos de pandemia e de home office, confinado em casa e sem viagens a trabalho, não me desacostumaram de sentir o frio na barriga. A boa e velha palpitação aparece. Respondo no mesmo minuto:

— Estou pronto, sim. O espaço aéreo ucraniano está fechado. Neste momento, a entrada tem de ser por terra.

Nessas horas, costumo parar por cinco minutos. Olho o horizonte da janela do meu apartamento. Sei que aqueles serão os últimos momentos da minha vida normal: da rotina de acordar, correr, andar de bicicleta, almoçar com minha mãe, passear com a namorada, degustar chopes com os amigos e preparar o churrasco para a família. Sofro de nostalgia antecipada, lamento pelo que deixarei para trás. Mas, depois que embarco, cruzo o portal, meu cálculo passa a ser racional:

— Que destino seria mais adequado, Rodrigo? — pergunta Sandro Silveira, analista administrativo, no grupo de WhatsApp recém-criado por Nilson e chamado simplesmente de "Na Guerra".

— Qualquer capital da Europa neste momento. Acho Lisboa mais fácil, devido ao voo direto de Porto Alegre. Mas, se houver qualquer voo antes para a Europa via São Paulo, que seja: Londres, Paris, Roma, qualquer um.

Tenho pressa. Marcar uma posição na Europa é a primeira meta. A tempestade de pensamentos me envolve: qual a maneira mais rápida de chegar? Qual país será minha base? É possível entrar na Ucrânia? Até quando as fronteiras ficarão abertas? Nessas horas, o oceano que nos separa da Europa aumenta minha angústia.

Com um roteiro provável em mente, planos A, B e C traçados, não há muito mais a fazer do que tentar conter a ansiedade, seguir tocando a vida o mais normal possível, à espera de que a decisão de viajar vá subindo na cadeia de comando da empresa.

Saio de casa e rumo até a Redação para entrar ao vivo no Jornal do Almoço, programa da RBS TV, a fim de comentar sobre os reflexos da guerra na economia brasileira. Num gesto quase inconsciente, coloco o passaporte no bolso.

Sandro consegue um voo. A rota: Porto Alegre-São Paulo. Depois, Frankfurt e Varsóvia. Embarque: 12h50min.

Decolagem: 13h50min. Aguardamos autorização da direção da RBS:

— Nilson, emito? — questiona Sandro. — Autorizado?

Ele insiste, vendo as opções de voo diminuírem na tela do computador.

— Prazo encerrado — alerta ele. — Preciso dessa definição agora!

São 11h11min. Silêncio no grupo.

Às 11h21min, a mensagem aparece no celular.

— Vamos, liberado, partiu!!!!!!!!!!!! — diz Nilson.

Estou sentado na Redação, microfone de lapela posicionado na gola da camisa. Antes de entrar no ar na TV, repasso o texto no smartphone. Andressa Xavier, editora-chefe da Rádio Gaúcha, sentada à minha diagonal, me olha.

— Malas prontas? — pergunta.

Aceno com a cabeça, positivamente.

— Vai chamar — ouço no ponto, ao ouvido, o comando da produção na TV.

Respiro fundo e olho para a câmera. A apresentadora Cristina Ranzolin dá bom dia e pergunta sobre os primeiros movimentos do conflito e seu impacto no agronegócio brasileiro. O aumento dos preços de fertilizantes é quase certo. Àquela altura, o valor do barril de petróleo atinge o maior patamar desde a Guerra do Golfo, em 1991. Começo a falar, mas minha cabeça já está dentro do avião. Termino o comentário, me desfaço do ponto e do microfone rapidamente. Volto a olhar o celular.

— O Rodrigo está na Redação, vai perder o embarque — alerta Sandro no grupo "Na Guerra".

Não vou, penso.

— Corra, Lopes, corra — pede Nilson.

Deixo a Redação pulando blocos de degraus, quase despencando pelos quatro andares de escada até o térreo. Preciso ainda fazer o teste de PCR. Na farmácia mais próxima, há 10 pessoas na fila. São 12h20min. Desisto, e aposto que conseguirei fazê-lo no Aeroporto de Guarulhos, em São Paulo, a primeira escala da viagem. Dirijo-me para casa para pegar as malas. Deixo o carro mal estacionado sobre a calçada em frente ao prédio, subo as escadas, pego a primeira mala que enxergo, aquela que ainda não fora desarrumada da viagem de férias. 12h35min. Entro no carro e dirijo até o Aeroporto Salgado Filho. Entro no estacionamento, corro até o guichê da companhia aérea: 12h48min.

— Destino final? — pergunta a atendente.

— Varsóvia — respondo, quase sem fôlego.

Só dentro do avião, com a sensação de que essa é apenas a primeira vitória de uma jornada que exigirá muito mais, observo as últimas mensagens de boa sorte no celular, antes de desligar o aparelho para a decolagem. Com a aeronave na pista, inicio meu ritual. Cada vez que um terremoto liquefaz a infraestrutura de um país, uma revolução está prestes a implodir uma ditadura ou uma guerra rompe o tecido social de uma nação mundo afora, busco com o olhar, pela janela do avião, os morros de Porto Alegre. Penso em minha família e faço planos para a volta: trabalhar menos, me preocupar menos, descansar mais, aprender a tocar violão, ter mais tempo com os amigos. Por ora, essas metas ficarão em suspenso. Decolagem autorizada.

Davi x Golias

Vinte e quatro de fevereiro de 2022 foi um dia triste na história da humanidade. O presidente da Rússia, Vladimir Putin, anunciou sua "operação militar especial" na Ucrânia às 5h da manhã em Moscou. Era meia-noite no Brasil. "Operação militar especial" é seu eufemismo particular para GUERRA.

Aliás, guerras são cheias de eufemismos, palavras pinçadas meticulosamente do vocabulário de um idioma para disfarçar sua real desgraça. Como jornalista acostumado a cobrir conflitos, houve um tempo, como contei em meu primeiro livro, "Guerras e Tormentas", em 2011, que a câmera fotográfica me servia como filtro: olhar a partir do visor amortecia meu pavor diante das cenas dantescas que meus olhos viram no Haiti, no Líbano ou na Líbia. Com os anos, me dei conta de que a lente era também meu eufemismo particular.

Hoje, prefiro ver a guerra como ela é: crua. Morte, dor, separações forçadas, êxodo e nenhuma garantia de que vai passar — ao menos, não para as vítimas. Nem para mim.

Naquele 24 de fevereiro, Putin prometeu que sua "operação militar especial" seria restrita a duas regiões reconhecidas por ele, três dias antes, como independentes: Donetsk e Luhansk, no leste da Ucrânia, no chamado Donbass. Mas a ofensiva começou por Kyiv, a capital ucraniana, em uma versão russa do "Choque e pavor" dos americanos em Bagdá, em 2003.

Aliás, aqui é importante um esclarecimento. Este livro, em respeito aos ucranianos e sua luta por autodeterminação, usa o nome da capital conforme eles a chamam: Kyiv, e não Kiev, derivado do russo e forma adotada amplamente pela imprensa internacional. Nesta guerra — como em todas -, as palavras importam. Transbordam significados. E esta é também uma construção de identidade.

O 24 de fevereiro de 2022 já faz parte da história da infâmia do século XXI: quando o direito internacional foi rasgado e um Estado soberano, violado. Mas foi também o dia D em que a Rússia se reposicionou como potência no sistema internacional, após décadas de ostracismo e crise econômica, 31 anos depois do colapso do império soviético.

Putin assumiu a presidência em 2000 prometendo exatamente o retorno aos tempos de glória. Hoje, orgulha-se do ditado segundo o qual "A Rússia sem a Ucrânia é um país; a Rússia com a Ucrânia é um império".

De parte da Ucrânia, nada pode ser feito a não ser tentar resistir. É uma batalha de Davi contra Golias. O país não pertence à Organização do Tratado do Atlântico

Norte (OTAN). Portanto, não é um aliado que poderia fazer girar as engrenagens do artigo quinto do documento de fundação da entidade, segundo o qual um ataque contra um dos membros é um ataque contra todos.

A grande dúvida é se Putin vai restringir a ação à Ucrânia ou se o 24 de fevereiro entrará para a História também como o primeiro dia de um conflito maior. A humanidade não sabia, em 1914, que o assassinato do arquiduque Francisco Ferdinando, herdeiro do trono austro-húngaro, seria o estopim da I Guerra Mundial. Estaríamos já na terceira? Será assim que os historiadores olharão para aquele dia?

Putin buscará retomar as áreas de maioria de falantes russos em outros países, como fez na Crimeia e faz no Donbass? A Transnístria, a Abkazia, a Ossétia do Sul? Há vários pontos de tensão no mundo — a península da Coreia, o Mar do Sul da China, o Oriente Médio, mas, se há um lugar onde o risco de um conflito descambar para uma guerra global, esse é o Leste Europeu.

Em 26 de dezembro de 2021, o mundo lembrou os 30 anos do fim da União Soviética, que encerrou a Guerra Fria e, com ela, a era bipolar. A crise econômica, a perda das repúblicas e os conflitos internos mergulharam a Rússia em uma década perdida nos anos 1990, enquanto os Estados Unidos se consolidavam como superpotência. Ao mesmo tempo, a figura de Putin emergia como a de um político forte. A Rússia, hoje, está longe de ser a China em termos econômicos, mas, do ponto de vista geopolítico e militar, é o país que impõe os maiores desafios aos interesses estratégicos americanos no planeta. Não à toa, o presidente dos Estados Unidos, Joe Biden, tem adotado uma postura mais crítica em relação a Moscou do que a Pequim.

Putin nunca engoliu a aproximação do Ocidente à sua área de influência — três ex-repúblicas soviéticas (Letônia, Estônia e Lituânia) ingressaram no guarda-chuva da União Europeia e, a partir de 1999, 10 países que fizeram parte do antigo Pacto de Varsóvia aderiram à OTAN. Em alguns casos, foi mais do que traição aos olhos do Kremlin. Estônia e Letônia fazem fronteira com a Rússia — o que é uma ameaça real ao seu "espaço vital", ou "exterior próximo", nas palavras de Moscou.

Militarizada e vitaminada, a Rússia de Putin não irá tolerar, de novo, que a Ucrânia caia nos braços do Ocidente. Em 2014, o então presidente ucraniano, Viktor Yanukovych, foi derrubado pelos protestos da população após suspender a assinatura de um tratado econômico com a União Europeia. O governo russo reagiu anexando a Crimeia sob o olhar leniente da OTAN. Até uma ponte foi construída, ligando a Rússia continental à península. Donetsk e Luhansk facilitaram as coisas para Putin, declarando independência no mesmo ano. A autonomia foi reconhecida pelo Kremlin em 21 de fevereiro de 2022. Setenta e duas horas depois, a Rússia cruzou a fronteira da Ucrânia mais uma vez.

Na história da humanidade, a guerra não é patologia. É seu estado normal. A paz é breve. O ser humano é programado por seus genes para proteger os seus próximos e combater os outros. Na Bíblia, sucedem-se atos de extrema violência. A I Guerra Mundial era para ser a "guerra para acabar com todas as guerras". Woodrow Wilson cunhou os 14 pontos para um mundo idealista em que a colaboração seria mais vantajosa do que o conflito, mas veio a II Guerra, e vimos que não seria tão fácil. A Guerra Fria foi tudo... menos fria. E o desmoronamento soviético reprogramou a ideia de que um mundo interconectado inviabilizaria o conflito. Vã ilusão kantiana.

Não importa quão complexa possa ser a estrutura administrativa, o Leviatã ou as cadeias globais de produção. Os instintos básicos ocultos, até no mais civilizado dos humanos, de tempos em tempos, afloram. Provocam banhos de sangue: dos cativos da Babilônia aos caídos do Holocausto. Ou do Donbass.

O fim da Guerra Fria foi apenas um sopro de esperança para ingênuos. Antes dela, havia Auschwitz, Varsóvia, Pearl Harbor, Dresden, Hiroshima e Nagasaki. Durante, houve Ganghwa-gun, My Lai. Depois, Kigali, Srebrenica, Gaza, Nova York, Cabul, Bagdá e Aleppo.

Hoje, há Kyiv, Bucha e Mariupol.

Herdeiros da Rus de Kyiv

Buscar as origens das tensões entre Rússia e Ucrânia é como puxar o fio de um novelo histórico. Mas, ao invés de, no final, encontrarmos uma ponta, onde tudo começa, deparamos com nós, rupturas e novos fios. A história dos dois países está interconectada, mas, ao mesmo tempo, cada um percorreu caminhos diferentes, a partir de culturas e desafios próprios, acrescidos da experiência de conviver com ocupantes que ali chegaram e que levaram à construção de identidades forjadas em oposição ao outro.

É comum historiadores estabelecerem a gênese da região na Rus de Kyiv, um imenso reino medieval fundado no século IX entre os mares Báltico e Negro, onde hoje estão localizadas Ucrânia, Belarus e a porção europeia da Rússia. A história da chegada dos rus ao Leste foi contada pela primeira vez no manuscrito "Crônica de Nestor", no século

XII. Esses textos relatam como o povo local convidou os rus (identificados como vikings escandinavos) para governar e manter a estabilidade no território. Três irmãos, incluindo Rurik, o mais velho, aceitaram o convite e fundaram ali a dinastia Ruríquida, que durou mais de 700 anos.

Essa versão é apoiada pelos historiadores conhecidos como "normanistas", que defendem a origem nórdica da dinastia Ruríquida. Há os antinormanistas, que argumentam sobre a origem eslava da Rússia e dos demais Estados.

Meio mito, meio relato histórico corroborado por pesquisas arqueológicas, a "Crônica de Nestor" conta que Rurik fundou a capital desse proto-Estado em Novgorod, localizado onde hoje fica a Rússia contemporânea. Dois homens do grupo de Rurik, Askold e Dir, pediram-lhe permissão para deixar a terra e buscar suas fortunas em Constantinopla. Receberam licença. Rumo ao sul, pararam em uma cidade que ficava em uma colina chamada Kyiv. Conquistaram a região e arredores. Em Novgorod, Rurik morreu de causas naturais e confiou a sucessão do reino a seu parente Olegue. O novo governante, então, iniciou uma série de campanhas militares. Ao chegar a Kyiv, ele viu como Askold e Dir haviam acumulado riquezas. Olegue os enganou e os matou, assumindo o controle da cidade e mudando a capital de Novgorod para Kyiv. A consolidação do reino Rus no território se deu com Vladimir, o Grande, em 988.

A Rus de Kyiv, em sua maturidade, uma federação de principados, caiu diante do Império Mongol entre 1237 e 1242, resultando na fragmentação do território em duas partes: o Grão-Principado de Moscou e o Grão-Ducado da Lituânia, que mais tarde se juntou à Polônia. Com o declínio do poder mongol, Kyiv e as áreas adjacentes ficaram sob o domínio da comunidade polaco-lituana, o que deixou a região oeste da atual Ucrânia mais exposta a influências ocidentais nos séculos seguintes. Uma região dos Cárpatos, também na porção oeste, onde fica Lviv, chegou a ser governada pela dinastia dos Habsburgo, entre 1772 e 1775.

Todo o emaranhado de dinastias ajuda a compreender por que o território é um quebra-cabeças de diferentes influências: o Oeste, muito ligado ao Ocidente, o Leste, sob influência de Moscou, e a Crimeia, em laços com gregos e tártaros e períodos sob dominação otomana e russa. Nesse grande tabuleiro de disputas épicas entre Ocidente e Rússia, o rio Dniepre sempre foi, desde tempos remotos, uma grande linha divisória de áreas de influência.

Voltemos à História. No século 17, uma guerra entre a comunidade polaco-lituana e o czarismo da Rússia colocou as terras a leste do rio Dniepre sob o controle da Rússia imperial. A partir de 1764, a imperatriz russa Catarina, a Grande, desarticulou o Estado cossaco ucraniano, que dominava as regiões Central e Noroeste do território, e passou a avançar sobre terras até então dominadas pela Polônia. Começava um período de russificação, no qual a língua ucraniana seria proibida e as populações locais, pressionadas a se converter à fé ortodoxa russa — uma política depois repetida por Josef Stalin e ensaiada, nos tempos atuais, por Vladimir Putin.

Em 1917, o czar Nicolau II foi derrubado em Moscou pelos bolcheviques, e Vladimir Lenin assumiu como o primeiro presidente comunista. A desintegração do império russo levou a um breve período de independência da Ucrânia e a um nascente movimento nacionalista, especialmente em Lviv, Kyiv e Kharkiv. Muitos começaram a proclamar-se ucranianos para diferenciar-se dos russos. Mas logo a URSS reconquistou a área à força. A República Socialista Soviética da Ucrânia foi declarada em 1922.

O historiador americano Timoty Snyder definiu a Ucrânia como parte das chamadas "bloodlands", as terras de sangue. No meio da Europa, essa área se estenderia, segundo ele, do centro da Polônia até a fronteira da Rússia, e do Mar Báltico até o Mar Negro, atravessando Lituânia, Estônia, Letônia, Belarus e a própria Ucrânia.

Essas terras são extremamente férteis para cultivo de grãos. A atual Ucrânia, por exemplo, é grande exportadora de milho, trigo, cevada e semente de girassol. Já a flor de girassol é símbolo do país. No início da guerra, uma das cenas mais comoventes foi a de uma senhora moradora de Henichesk, que encarou um soldado russo e lhe entregou um punhado de sementes. No vídeo que correu o mundo, é possível ouvi-la dizer:

— Vocês, ocupantes, vocês são fascistas. Que merda vocês estão fazendo na nossa terra com essas armas? Pegue sementes e coloque-as no bolso, pois, assim, pelo menos os girassóis brotarão em solo ucraniano após sua morte.

No passado, as terras encharcadas de sangue foram palco de sucessivas maldições: sob Stalin, uma grande parte da população rural da Ucrânia sofreu com as políticas de coletivização. Na grande fome, entre 1932 e 1933, milhões de ucranianos morreram no episódio conhecido como Holodomor.

Outra maldição: em 1º de junho de 1941, as tropas de Adolf Hitler invadiram a URSS, e alguns dos mais brutais massacres da II Guerra Mundial ocorreram nas regiões do leste da Ucrânia. Alguns nacionalistas ucranianos cooperaram com autoridades nazistas, acreditando que aquela poderia ser uma forma de alcançar a independência — e se livrar de outro ditador, Stalin. O apoio desses ucranianos serve de pano de fundo até hoje para a acusação do Kremlin sobre a existência de nazistas infiltrados nos movimentos pró-Ocidente e no próprio governo do atual presidente ucraniano, Volodymyr Zelensky.

Estima-se em 14 milhões o número de mortos na Ucrânia entre 1933 e 1945: crianças, adolescentes, idosos, mulheres e homens comuns massacrados pela engenharia totalitária do nazismo de Hitler e do comunismo de Stalin.

No contexto da Guerra Fria, a Organização do Tratado do Atlântico Norte (OTAN) foi criada, em 1949, com o objetivo de atuar como obstáculo à ameaça de expansão soviética. Em oposição, o Pacto de Varsóvia, reunindo os países aliados da União Soviética, foi firmado em 1955. A terceira maldição cairia sobre a Ucrânia em 1986, no acidente nuclear de Chernobyl.

Em 1991, Mikhail Gorbachev apagou as luzes do Kremlin e arriou a bandeira com a foice e o martelo da Praça Vermelha. A Rússia mergulharia na depressão econômica e se envolveria no conflito na Chechênia, enquanto a Ucrânia, agora independente de forma definitiva, se aproximava do Ocidente.

Em 1997, um tratado entre os dois países estabeleceu a integridade das fronteiras ucranianas. Mas o rio Dniepre seguia demarcando diferenças culturais e históricas — o Leste com maior inclinação russa, e o Oeste, que durante séculos foi dominado por potências europeias, como Polônia e Império Austro-húngaro, pró-Ocidente.

Livres do Exército Vermelho, vários países da antiga Cortina de Ferro optaram por regimes democráticos e pelo ingresso na União Europeia — mas Moscou sempre pairou como uma ameaça. Como garantia de segurança, muitos (pecado dos pecados, aos olhos do Kremlin) aderiam ao pacto militar ocidental, a OTAN. O urso hibernava.

A organização foi crescendo para o Leste, absorvendo membros do antigo Pacto de Varsóvia: República Tcheca, Hungria, Polônia, Bulgária, Estônia, Lituânia, Letônia, Eslováquia, Eslovênia, Albânia, Croácia e Montenegro. As armas do Ocidente estavam perto demais das barbas da Rússia. O urso acordou.

As tensões se agravaram durante as eleições presidenciais em 2004 na Ucrânia, com o Kremlin colocando seu peso a favor do candidato aliado, Viktor Yanukovych. A chamada Revolução Laranja evitou que ele assumisse. A eleição foi declarada fraudulenta, e o candidato pró-Ocidente, Viktor Yushchenko, se tornou presidente.

Em 2008, o então presidente dos EUA, George W. Bush, pressionou pelo início do processo de adesão da Ucrânia e da Geórgia, duas ex-repúblicas soviéticas, à OTAN, apesar dos protestos de Putin. Alemanha e França frustraram os planos durante uma cúpula em Bucareste, na Romênia. Putin invadiu a Geórgia naquele ano: o urso rugiu.

Após não avançar na OTAN, a Ucrânia tentou se aproximar do Ocidente por outra via: a União Europeia, por meio de um acordo de associação. Mas, no verão de 2013, pouco antes da assinatura do documento, o Kremlin pesou a mão de novo sobre Kyiv. Yanukovych, que não conseguira assumir em 2004, vencera a eleição em 2010, de forma legítima. Aliado de Putin, ele congelou o acordo. A população foi às ruas nos protestos conhecidos como Euromaidan. Após mais de 90 dias de rebelião e centenas de mortos, o presidente ucraniano fugiu para a Rússia.

Os ucranianos venceram, Putin perdeu um round, mas a luta seguia sendo travada. Em março de 2014, um mês depois da Euromaidan, a Rússia invadiu a Crimeia, território da Ucrânia, no Sul.

Na busca pelo novelo, entendemos que a Ucrânia não está, agora, em guerra. A Ucrânia está em guerra desde 2014, quando separatistas pró-russos declararam independência das províncias de Donetsk e Luhansk, no Donbass. O hoje é apenas a ponta por onde começamos a puxar o novelo da história.

A tensão entre Rússia e Ucrânia é, em parte, a disputa por quem seriam os verdadeiros herdeiros da Rus de Kyiv. Ambos os lados reivindicam essa sucessão. E um deles, o de Putin, decidiu apropriar-se dessa história para construir a narrativa de que Rússia e Ucrânia são uma coisa só. O autocrata do Kremlin evoca o passado soviético ao afirmar que a Ucrânia moderna foi completamente criada pela Rússia. Na prática, quer apagar os caminhos, escolhas, fés, traumas, sonhos e ideais diferentes que cada lado trilhou ao longo de 12 séculos. O urso mente.

Fuga e bombas na capital

Na noite de 23 de fevereiro de 2022, uma quarta-feira, a bióloga brasileira Vanessa Rodrigues Granovski, 36 anos, organizou as roupas e imaginou o que almoçaria no dia seguinte. Desde que chegara à Ucrânia, em 2019, ela e o marido, Vladmir Granovski, também com 36 anos, moravam no bairro de Svyatoshinskiy, perto do laboratório de Biotecnologia onde trabalhavam, em Kyiv. Viver próximo ao emprego era uma facilidade. Ainda mais agora, que Vanessa estava na décima semana de gestação. Não precisaria fazer grandes deslocamentos pela cidade para chegar ao trabalho.

Bares, restaurantes e shoppings estavam abertos em Kyiv. Ao chegar do laboratório, naquele dia, Vanessa passeou com o cão Thor, um buldogue francês de 13 anos, pelos arredores do prédio, localizado quase na divisa com Irpin e Bucha, cidades da região metropolitana. Encontrou uma amiga, e as duas caminharam com seus mascotes pela região arborizada. Era um momento especial do dia em que, por vezes, as duas tomavam café no lago enquanto observavam o sol se pôr.

Vanessa sabia que nem tudo estava em paz na Ucrânia. Em novembro, ela visitara familiares em Sorocaba, sua cidade natal, no interior de São Paulo. As tropas da Rússia já estavam nas fronteiras do país, mas muitos ucranianos, colegas, vizinhos e amigos a tranquilizavam:

— Relaxa.

— O mundo não sabe o que acontece aqui.

— A Rússia já está na nossa cola desde 2014. Não é coisa de agora.

— Estamos em 2022, não vai ter guerra.

"Se os ucranianos estão tranquilos, quem sou eu para me preocupar?", pensou ela, ao desembarcar de volta a Kyiv, confiante de que tudo não passava de rumores. Nos últimos dias, entretanto, a conversa com uma vizinha com a qual não tinha muito contato trouxera, de novo, a preocupação:

— Trabalho na embaixada americana, e estão evacuando os funcionários estrangeiros.

"Por que a ucraniana estava me falando aquilo?", questionou-se. "Provavelmente porque sabia que eu era estrangeira".

— Você tem plano B? — quis saber a mulher.

— Não tenho nem plano A — respondeu Vanessa.

— Melhor você pensar — aconselhou a vizinha.

Vanessa preocupou-se. Comentou com Vladmir, e os dois chegaram à conclusão de que o alerta da mulher talvez fosse exagerado. Ficariam atentos às notícias, mas não permitiriam que a preocupação tomasse conta.

Dormiram.

Do outro lado de Kyiv, o gaúcho Matheus Ramirez jogou futsal em 23 de fevereiro. Atleta do SkyUp, ele estava havia menos de 30 dias na Ucrânia. Depois da partida pelas quartas de final da Copa da Ucrânia, sua equipe foi jantar em um restaurante. Terminada a refeição, alguém disse:

— E aí? Malas prontas? Dizem que vai iniciar.

"É mais uma brincadeira", pensou Matheus. Até ali, a maioria dos companheiros de time não acreditava que haveria guerra. No domingo, 19, haviam viajado para Summy, próximo à fronteira com a Rússia.

— Matheus, a gente tá aqui do lado e tu não viu nada, não é mesmo? — perguntaram os companheiros de equipe, tentando convencê-lo de que tudo não passava de boatos.

Naquela viagem, o atleta dividiu o quarto do hotel com um colega ucraniano, Anton Antonenko. Como a maioria dos jogadores de futsal do país, ele tinha outro emprego. Era policial. Anton tentou acalmá-lo: um novo conflito até poderia ocorrer, mas a Ucrânia já estava em guerra havia bastante tempo. Não seria novidade.

Na volta para casa, no bairro de Osokorky, em Kyiv, Matheus comentou sobre a nova amizade com Moreno, o brasileiro com quem dividia apartamento. Achara a conversa com Anton realista e julgara até positivo o fato de interagir com alguém do próprio país na viagem a Summy.

Na manhã do dia 24, Vanessa acordou às 7h. Saiu da cama cedo para passear com Thor, o cão. Antes de deixar o apartamento, olhou o celular. Naquele horário, costumava ler algumas mensagens da família. Abriu um site: "Rússia invadiu a Ucrânia", leu, enquanto o marido dormia.

"Imagina! *Fake news*", pensou. "O povo do Brasil é muito exagerado".

Mesmo assim, foi ao banheiro um tanto preocupada. Voltou ao quarto e pegou de novo o celular. Acessou o aplicativo de troca de mensagens Viber. Estranhou a movimentação no grupo do trabalho tão cedo da manhã. O expediente começava às 10h. "Não era hora de estarem se comunicando", refletiu. A equipe planejava mover os equipamentos mais caros do laboratório de Kyiv para Lviv, próximo à fronteira com a Polônia. "Alguma coisa está acontecendo", pensou. Decidiu, então, acordar Vladmir.

O que pensar? Como reagir? O que fazer? A guerra era algo muito fora da realidade para Vanessa. "Tá, ela começou, mas como funciona?", questionou-se. "A gente estuda História na escola", lembrou-se. "Um país ataca outro, mas como fica o dia a dia das pessoas?", perguntava-se.

Vanessa foi até a janela do apartamento e observou a grande área verde ao redor do edifício. Fazia silêncio. Tomou o celular nas mãos e gravou alguns vídeos:

— Gente, falaram que começou a guerra, mas, aqui, tudo está em silêncio.

Ao ler que houvera ataques com drones na fronteira com Belarus, tentou tranquilizar-se: "Está longe de nós". Foi quando, no celular, chegou a mensagem de um colega de escritório: "Pessoal, fiquem em casa. Não vamos trabalhar e vamos aguardar as orientações". Vanessa fez então uma videochamada com os pais. Era madrugada no Brasil, mas ela queria tranquilizá-los. Usou a câmera do celular para mostrar que não havia movimentações estranhas fora do prédio.

— Não estou ouvindo nenhum barulho — disse.

— Ô, cara, acorda!

Era Moreno, o colega de quarto.

— Escutou o barulho?

Eram 5h. Matheus despertou no susto. Não escutara nada. Mas, na dúvida, buscou informações no celular. Havia quase mil mensagens:

— A guerra começou!

"Como se reage a isso?", perguntou-se.

Ninguém mais dormiu. Até as 8h, a dupla ficou em alerta, esperando algum som de explosão proveniente do exterior. Matheus decidiu descer do apartamento para a rua. Havia um contraste no cenário lá fora: a guerra havia começado, as ruas estavam vazias, mas ele estranhou ao avistar um grupo de crianças brincando em uma pracinha. "O que realmente está acontecendo? É tão perigoso?", questionou-se. Na rua do mercado, havia uma fila imensa para entrar no estabelecimento. "É verdade, começou!", resignou-se.

A reflexão foi interrompida pelo som das sirenes antiaéreas. "Eu estou dentro da guerra", percebeu, no susto. As mensagens no celular se intensificaram.

— Matheus, sai logo.

— Sai, cara!

Não tinha como sair. O espaço aéreo ucraniano estava fechado. Os aeroportos haviam interrompido as operações. As imagens do Flight Radar, site que monitora a aviação internacional, mostravam aviões comerciais desviando do mapa da Ucrânia sob bombas. A opção de fugir por terra era temerária: passariam, no mínimo, quatro horas a céu aberto, vulneráveis a qualquer bombardeio. Nos minutos seguintes, Matheus e Moreno teriam de seguir as orientações do seu clube: ficar em casa, garantir comida e água e, se as sirenes tocassem, esconder-se nos bunkers. Próximo ao apartamento, havia três deles. A dupla ficou em alerta, com mochilas prontas para sair a qualquer momento.

Às 15h30min, Matheus recebeu, no celular, mensagens anunciando que novos ataques começariam em meia hora. Foram para o bunker fora do prédio. Não ouviram explosões. Mas caças davam rasantes sobre a cidade.

A 32 quilômetros dali, Vanessa começou a ouvir os primeiros estrondos ao meio-dia. Era assustador. Seu prédio ficava a 17 quilômetros do Aeroporto de Hostomel, estrutura militar que abrigava o Antonov AN-225, colosso ucraniano, maior avião de cargas do mundo. A paulista avistara pela janela da cozinha a movimentação de helicópteros. Ela tentava, agora, gravar com a câmera do celular os aparelhos em movimento, mas não conseguia. A camuflagem ajudava a mimetizar as aeronaves com a paisagem verde do bosque. Vanessa ouvia as bombas caírem. Ou seriam mísseis? Não sabia identificar. Mas todas as vezes em que esses artefatos despencavam do céu, as paredes de seu apartamento, no 20º andar, tremiam. Havia fumaça no horizonte. Pelo barulho do impacto, ela calculava mentalmente a distância do perigo: "Nem tão perto... nem tão longe". Mas sentia o corpo pular a cada estrondo. Não controlava. Era como um susto repetido.

Com o tempo, Vanessa ficou mais preocupada: "De onde vem isso? Qual a chance de errarem o alvo?" Vladmir buscava informações em redes de notícias, enquanto Vanessa se comunicava por mensagem com os amigos em diferentes regiões de Kyiv.

— O que está acontecendo aí? — queria saber.

— Como estão? — perguntavam.

Uma vizinha que Vanessa encontrava de vez em quando pelo prédio telefonou. De alguma forma, a ucraniana, a quem ela conhecia apenas pelo primeiro nome, Larissa, se fez entender. A mulher não falava inglês, mas, naquele dia, conseguiu dizer algumas palavras. Larissa pediu a Vanessa: queria falar com Vladmir.

— Não sei o que ela quer — disse, passando o celular ao marido.

Vladmir e Larissa nunca haviam se falado. Mesmo com Vanessa, os diálogos, nos encontros rápidos pelos corredores, limitavam-se a bom dia, boa noite, como estás?, as poucas expressões que a brasileira conhecia em ucraniano. Vladmir era fluente em russo. O idioma dos invasores, aos poucos, passaria a ser evitado pela maioria dos ucranianos. Mas, àquela altura, ainda era tolerado.

— Olha, tenho muito carinho pela Vanessa — disse Larissa. — Estou indo para um local seguro e vou levar algumas pessoas do prédio. Quero convidar vocês para que venham com a gente — afirmou. — Mas, por favor, não comentem no grupo do prédio porque levarei poucas pessoas. Garanto: é um lugar seguro. Venham com a gente.

— Vou conversar com Vanessa — agradeceu Vladmir.

O casal ficou em dúvida diante da oferta. Seu endereço estava cadastrado na embaixada brasileira. Em caso de evacuação, era ali, naquele apartamento, que a representação iria buscá-los.

— Tenho medo de ir — disse Vanessa. — Não sei onde é esse lugar, não sei onde fica. Não temos carro para sair de lá.

Vladmir voltou a falar com Larissa. Agradeceu a oferta. A ucraniana insistiu. Mas acabou por aceitar a decisão do casal.

À noite, os bombardeios cessaram. Mas Vanessa não dormiu. Ela conseguia identificar, do lado de fora do prédio, o barulho das lagartas dos carros de combate passando próximo à janela. Enquanto o marido dormia, ela trocava mensagens com uma vizinha:

— Fica calma, esses são os nossos. Estão se movendo para áreas estratégicas da cidade.

Vanessa não conseguia ficar calma. Por volta das 3h, uma colega que estava no grupo de mensagens do clube de futebol Shakhtar Donetsk, onde atuavam vários brasileiros, telefonou:

— Vanessa, o pessoal do clube está dizendo que os russos vão chegar a Kyiv por volta das 5h manhã. Estou te ligando para avisar: pega tuas coisas e vai para um bunker.

Vanessa havia buscado informações sobre os abrigos antiaéreos da cidade. Surpreendera-se quando, ao abrir o Google Maps, o mapa de Kyiv estava cravejado de pontos vermelhos, indicando a localização dos bunkers.

Marcada por sucessivas guerras, a capital tem vários abrigos antiaéreos. Alguns são dos tempos soviéticos. Outros foram improvisados recentemente em porões de prédios novos. "Para qual ir?", perguntou-se.

— Se alvejarem o prédio, 20 andares vão cair em cima da gente — ponderou Vladmir. — Como a gente vai sair?

Vanessa estava nervosa. Pensava no bebê em sua barriga.

Os dois escolheram o refúgio do prédio de uma vizinha. Com sintomas de claustrofobia, Vanessa estava angustiada. Aquele abrigo, ao menos, era espaçoso. Na mochila, ela levara barras de cereais e frutas. Para Thor, passou a mão em um pacotinho de ração úmida e uma manta.

Na primeira noite da guerra, Matheus e Moreno se organizaram para a vigília: um dorme, enquanto o outro permanece em alerta. A Matheus coube o primeiro turno. Ficou acordado até quase 4h, tempo que aproveitou para se comunicar com a família no Brasil. Chegada a troca de turno, ele chamou Moreno e foi deitar-se na cama, posicionada de frente para uma grande janela em um dos quartos. Estava cansado: as primeiras horas de conflito o deixaram com o corpo tenso. Adormeceu em cinco minutos. Naquele momento, um clarão tomou conta do quarto, seguido de uma explosão. O prédio inteiro tremeu. Matheus acordou de supetão, fazendo instintivamente o movimento de cobrir o rosto e o corpo com o cobertor, antevendo estilhaços. "A janela vem pra cima de mim", pensou. As sirenes tocavam.

Moreno, no outro quarto, também se apavourou. Já levantava da cama, quando Matheus entrou no recinto.

— Bora! Bora! Pega as coisas, vamos descer! — gritou Moreno.

"Seja o que Deus quiser", rezou Matheus, ao pegar uma mochila pequena, abrir a porta do apartamento e correr, com o colega, para o bunker, a 40 metros dali.

Todos os moradores desceram: homens, mulheres, idosos, crianças, e seus animais de estimação. Eram 4h30min da madrugada.

Do outro lado de Kyiv, o bunker onde Vanessa, Vladmir e o cão Thor estavam era frio. Havia cobertores pelo chão, mas eram insuficientes diante da temperatura que baixara a 5°C negativos. Vanessa calculava umas 30 pessoas ao seu redor. Thor estava inquieto, parecia sentir a ansiedade dos humanos.

O casal ouvia barulhos vindos de fora. Os homens saíam para fumar. Vladmir também ficava no entra e sai pela porta do bunker. Em um daqueles momentos, avistou no céu um drone, que não soube identificar se era de ataque ou de monitoramento aéreo. O dia amanhecia, e as bombas caíam sobre Kyiv.

Vanessa repassava mentalmente as últimas 24 horas em que sua vida virara de cabeça para baixo. "Como não havia se preparado para aquele momento?", lamentava. Ninguém, na verdade, parecia ter planejado algo. No primeiro dia, supermercados estavam lotados, os bancos e os postos de combustíveis tinham filas quilométricas. Os produtos acabavam nas prateleiras. Vanessa havia corrido ao mercadinho no térreo do prédio. Mas, em meio à confusão, ficara em dúvida sobre o que levar. Não sabia se teria energia elétrica em casa. Comprou velas, fósforos, miojo, embutidos e frutas.

Naquela madrugada, lembrou-se que as autoridades haviam distribuído armas para a população. Qualquer família poderia pegar um fuzil AK-47. Um amigo no trabalho havia garantido o seu e avisara o casal. Vanessa não queria que Vladmir andasse armado.

Ainda dentro do bunker, por volta do meio-dia, ela chegara ao limite. O frio piorara. Thor estava ainda mais inquieto. Uma senhora do grupo recebeu a informação de que as tropas ucranianas haviam destruído a ponte de Irpin, com o objetivo de atrasar o avanço da infantaria russa rumo a Kyiv. Vanessa e o marido imaginaram, então, que a invasão demoraria alguns dias. Decidiram voltar para o apartamento. Estariam mais aquecidos, e, com sorte, ainda haveria água, eletricidade e internet.

Ao chegarem ao prédio, perceberam que muita gente havia abandonado os apartamentos. Ficaram poucos vizinhos, que se organizaram em vigília para evitar saques.

Vanessa, Vladmir e Thor não voltaram mais ao bunker. Agora, quando as explosões fossem muito fortes, eles correriam para o hall do apartamento, longe das janelas. Em alguns momentos, optaram pelo banheiro, acreditando que esse recinto seria mais seguro. "Vai demorar uma semana, no máximo, duas", imaginavam. "Uma hora vai acabar, e vai ficar tudo bem". Não pensaram mais em sair de Kyiv.

Matheus só pensava em sair de Kyiv. No bunker, estavam ele, Moreno, uma amiga ucraniana, chamada Karina, e outro brasileiro, David Suleiman Said Abu Gharbil, estudante de Medicina, que se juntara ao grupo quando a guerra começou. Naquela madrugada, quando colocavam o rosto para fora do abrigo, ouviam muitas explosões. Entre 4h30min e 6h30min, haviam sido muito fortes: clarões a todo momento. Sem televisão, eles acompanhavam as notícias pelo celular.

Foi pelas redes sociais que o grupo soube que outros brasileiros, atletas do Shakhtar estavam no hotel Opera, no centro de Kyiv. Lá, imaginaram, haveria mais recursos, segurança e, em caso de uma operação de evacuação organizada pelo governo brasileiro, estariam por perto. Como a SkyUp, nome do time de Matheus e Moreno, era também patrocinadora do Shakhtar, eles pensaram que não seria difícil conseguir ajuda do presidente do clube. Com autorização para irem para o hotel, do outro lado do rio Dniepre, eles deixaram o bunker.

Eram 10h. Seriam cerca de 20 quilômetros até o centro. Cruzaram a cidade por baixo da terra, de metrô. Ao subir à superfície, Matheus sentiu um vazio. Parecia que Kyiv inteira havia fugido e só eles tinham ficado. Caminhavam a passos rápidos. Os amigos gravavam vídeos. Matheus só andava.

Àquela altura, o outro grupo de brasileiros, composto por jogadores do Shakhtar e por seus familiares, apelava em vídeos nas redes sociais por ajuda do Itamaraty para sair do país.

Matheus e os amigos chegaram à recepção do Opera apressados. Ele se surpreendeu com o profissionalismo dos funcionários. "Em um momento tão difícil, e com suas famílias em casa, eles seguem trabalhando", refletiu. Cada hóspede tinha um quarto, mas a recomendação era: "tocou a sirene, corre para o subsolo". Matheus subiu ao apartamento, tomou banho e desceu para se juntar aos outros brasileiros.

As sirenes antiaéreas tocaram tanto naquele dia que ninguém mais voltara aos quartos. A sala de eventos do hotel, convertida em bunker, era um grande dormitório coletivo. As mesas haviam sido retiradas e, no lugar, colchões no chão acomodavam os hóspedes. Todo mundo dormia ali, umas 40 pessoas, entre jogadores, esposas e filhos. Matheus se tranquilizou: eram muitos brasileiros, alguns craques conhecidos internacionalmente. Se houvesse uma operação de retirada, ninguém ficaria para trás.

No segundo dia da guerra, Vanessa estava muito cansada. Sentia-se como em um filme da II Guerra Mundial. Da janela do apartamento, via fumaça preta em formato de cogumelo no horizonte. Em outros momentos, um risco no céu indicava a passagem de um míssil. Na sequência, as sirenes: aquele som angustiante tocando, e ela sem saber onde a bomba cairia.

Um colega de trabalho enviou uma mensagem perguntando se o casal poderia ajudar uma amiga ucraniana. Sem família por perto, sozinha em Kyiv, a jovem estava escondida em uma estação de metrô desde o primeiro dia. Construída no período soviético, a rede de trens é profunda e equipada com exaustores e medidores de radiação. Se uma guerra nuclear começasse, as estações serviriam como abrigo.

— Claro. Diga para vir para cá — respondeu Vanessa.

Horas depois, quando ela abriu a porta, avistou a mulher pálida e com olheiras.

— Você comeu? — perguntou.

— Não.

Vanessa a abraçou. Refletiu: "É uma pessoa que, até poucos dias atrás, tinha uma vida normal e que, agora, está aqui, sem parentes por perto, sem comida e sem banho". Com carinho, banho e comida, a mulher dormiu.

Os bombardeios se intensificaram. Recuperada, a jovem começou a traçar um plano para voltar para casa, no interior da Ucrânia.

— É seguro? — quis saber Vanessa.

Àquela altura, sua noção de segurança se reduzia ao bairro, às ruas próximas ao prédio. Não sabia o que ocorria no resto de Kyiv.

— Dizem que o caminho até a estação ferroviária está tranquilo. Dá para ir — disse a jovem.

Naquele dia, o dono da empresa onde Vanessa e Vladmir trabalhavam os aconselhou: era hora de saírem da cidade.

A jovem foi embora. Vanessa e Vladmir ficaram à espera de um colega que iria buscá-los. A bióloga arrumou as malas. Não sabia o que levar. Pegou tudo o que tinha de valor, algumas joias, roupas para o frio, manta para o Thor, frutas, carne, produtos defumados. A partir do momento em que cruzasse a porta, não teria mais controle sobre o que poderia ocorrer. Dependeria de pessoas que não conhecia. Não teria certeza de que chegaria a algum destino seguro. "Preciso focar na comida e em manter o corpo aquecido", planejou. Fazia muito frio. "Se nos largarem na estrada, não podemos morrer de frio", imaginou.

O casal esperou até o início da tarde. Ninguém veio buscá-los. Kyiv estava blindada por terra por centenas de barreiras e trincheiras que dificultavam a circulação. Já sem esperanças de que alguém chegasse, o casal começou a procurar um táxi. Eram 15h. Tentaram por duas horas. Às 17h, começou a anoitecer. Não havia táxi. Não adiantava mais sair. Começaria o toque de recolher. E, dessa vez, ele duraria de sexta-feira até segunda. Quem estivesse nas ruas nesse período seria considerado inimigo.

Caixa de ressonância

Sabe aqueles documentários sobre a II Guerra Mundial, que, no começo, aparece o mapa da Europa sendo coberto de vermelho-sangue, indicando o avanço das tropas nazistas? É essa imagem que me vem à mente quando o avião deixa a costa africana e, sobre o Estreito de Gibraltar, o nariz da aeronave aponta para a Península Ibérica. Insone, mais de seis horas após a decolagem de São Paulo, acompanho a rota no mapa da tela à minha frente. Quem diria, depois do horror do conflito mundial, entre 1939 e 1945, da Bósnia e de Kosovo, nos anos 1990, o continente seria, em pleno século XXI, engolfado novamente por uma guerra.

É equivocado, ingênuo e, por vezes, desleal julgar fatos do passado com os olhos do presente. Mas, em 1938, os países aliados sacrificaram os Sudetos em troca de uma suposta paz na Europa. O primeiro-ministro britânico

Neville Chamberlain imaginava que, ao ganhar a região da Tchecoslováquia, Adolf Hitler teria saciada sua sede territorial. Pelo sim, pelo não, assinou, em separado, um documento de não agressão com o ditador nazista. O papel, sem valor, foi apresentado como triunfo na volta a Londres. A guerra estouraria menos de um ano depois.

O argumento de Vladimir Putin para invadir a Ucrânia — "proteger os russos étnicos onde quer que estejam" — guarda semelhanças com o de Hitler: defender os alemães dos Sudetos.

Putin não é Hitler e, possivelmente, só deseje mesmo criar governos títeres em seu "exterior próximo", na área que o Kremlin considera sua legítima e histórica esfera de influência para consolidar seu sonho de reposicionar a Rússia como grande potência. Mas as lições de Munique (grosso modo, nunca agrade um ditador) valem como alerta. Os russos ficariam com o Donbass, os ocidentais sairiam eufóricos após garantir a integridade do resto da Ucrânia, e o mundo suspiraria aliviado por não ter chegado à III Guerra Mundial. Em 1938, a euforia durou menos de um ano. Quanto tempo duraria agora?

Mais de 48 horas depois de o mundo assistir à invasão da Ucrânia, o medo é de que a Organização do Tratado do Atlântico Norte (OTAN) seja atraída para a guerra, o que poderia resultar em um confronto direto entre países da aliança militar do Ocidente e a Rússia. Enquanto Kyiv sofre intensos bombardeios e as tropas russas avançam pelas ruas enfrentando resistência maior do que a esperada pelo Kremlin, o clima em diferentes partes da Europa é de preocupação com o risco de transbordamento do conflito para além das fronteiras ucranianas.

Na Alemanha, minha escala antes de chegar a Varsóvia, o governo planeja oferecer soldados, sistemas de defesa aérea e navios para fortalecer países do Leste Europeu. Seria possível enviar rapidamente pelo menos 150 militares e 10 blindados para Polônia e Hungria, além de deslocar embarcações do Mar Mediterrâneo para o Mar Negro.

Se nas guerras contemporâneas os instrumentos econômicos são tão importantes quanto as armas, pode-se dizer que a Rússia disparou a mãe de todas as bombas contra o Ocidente, ao cortar o fornecimento de gás para Polônia e Bulgária. Não era blefe. Putin cumpriu a ameaça e concretizou a mais dura resposta às sanções econômicas das quais seu governo é alvo. Grande parte da Europa depende do gás russo para mover suas indústrias e aquecer seus lares.

Essa dependência é o exemplo concreto de como a Europa confiou demais na Rússia. Alternativas? Há, mas são poucas. A Noruega, segundo maior fornecedor de gás natural do continente, atingiu sua capacidade máxima de envio. Outras esbarram na dificuldade logística.

No início da noite de sexta-feira, 25, ao desembarcar no Aeroporto Frédéric Chopin, em Varsóvia, vejo pouco movimento. A Polônia é a caixa de ressonância da guerra que ocorre na Ucrânia, com quem compartilha uma fronteira de 526 quilômetros de extensão. Enquanto o grosso dos bombardeios se concentra até agora no leste (Donbass), no sul (a partir da Crimeia anexada) e em Kyiv, é pelo oeste, na região próxima à Polônia, que a maioria dos refugiados está fugindo.

Culturalmente, os dois países são muito próximos. A Polônia abriga a maior comunidade ucraniana da região, com cerca de 1 milhão de pessoas. Espera-se que esse número dobre com a chegada dos refugiados. As autoridades dizem que o tempo de espera para cruzar a fronteira varia entre seis e 12 horas.

Para seus nacionais, o governo polonês tem orientado que mantenham os tanques de combustível cheios e que guardem dinheiro em espécie em casa. Os valores de saque nos caixas eletrônicos são limitados, principalmente nas regiões próximas à fronteira com a Ucrânia. Putin desperta preocupação entre os vizinhos nas primeiras 72 horas de conflito ao colocar sua força de dissuasão nuclear em alerta. O mundo nunca esteve tão perto de uma ameaça atômica desde o fim Guerra Fria.

Mais de 50 mil refugiados deixaram a Ucrânia em menos de dois dias, segundo o alto comissário para refugiados da Organização das Nações Unidas (ONU), Filippo Grandi. A maioria para a Polônia e a Moldávia.

São 18h em Varsóvia. Chego ao hotel cansado, e o chip de celular comprado na saída do aeroporto exige conhecimento de polonês para ser configurado. Penso em comprar passagem de trem e viajar ainda nesta noite para a fronteira. Mas, antes, preciso de banho. Estou há 48 horas sem dormir. Já imaginando a água quente do chuveiro escorrendo pelo rosto, abro a mala, aquela que peguei às pressas em Porto Alegre, da volta das férias no Uruguai e na Argentina. No interior, há apenas bermudas e camisetas de verão. Faz 2°C negativos na capital polonesa.

A rota do desespero

No dia seguinte a meu desembarque no Leste Europeu, abandono a ideia do trem. Preciso de autonomia. Decido percorrer os 413 quilômetros entre Varsóvia e o principal posto de fronteira com a Ucrânia, em Medyka, em um carro alugado. Os reflexos do conflito se apresentam aos poucos pelo caminho: primeiro, são postos de combustíveis cheios de viajantes ucranianos, lojas de conveniência lotadas e congestionamentos no sentido inverso; depois, à medida que se aproxima da fronteira, percebe-se que faltam gasolina e diesel nos estabelecimentos e torna-se difícil encontrar dinheiro nos caixas eletrônicos.

Chego a Medyka à noite. Faz 2ºC negativos. Diante das várias barreiras policiais, decido abandonar o carro e seguir a pé. Caminho no sentido inverso, em direção à fronteira. De repente, em minha direção começam a surgir silhuetas de corpos, que só são identificáveis graças ao giroflex das viaturas da polícia. Eles se movem. As luzes azuis e vermelhas iluminam vultos. Depois que os veículos passam, o breu volta a tomar conta do cenário. Fica mais difícil caminhar entre pedras, buracos de uma estrada inacabada e barreiras de contenção no caminho de quem ingressa a pé na Polônia.

É possível identificar as sombras de mulheres com bebês no colo. Crianças maiores vão nos ombros de homens idosos. Algumas pessoas empurram carrinhos de supermercado com poucas coisas que conseguiram trazer na fuga: uma mochila, um saco com frutas, uma boneca de plástico, um urso de pelúcia. Outras, puxam malas pequenas. São apenas mulheres. E filhos e filhas sem pais.

Homens em idade militar estão proibidos de deixar a Ucrânia. Ficam para lutar. A ordem do presidente Volodymyr Zelensky provoca cenas comoventes: crianças aos prantos na hora da separação. Meninos e meninas chegam até o portão da Polônia com os pais, que não seguirão adiante. Mães, filhos e filhas passam. Homens em idade militar voltam.

Do lado de cá da fronteira, passados os raios azul e vermelho do giroflex dos veículos policiais, tudo volta a ficar escuro. Avanço, ofegante, por cerca de três quilômetros. Esbarro em pessoas sentadas no chão, entre bagagens, cobertores e travesseiros. Atropelo, involuntariamente, crianças puxadas pela mão. Minha voz sai embargada na Rádio Gaúcha.

— Esta é a rota do desespero — descrevo, em meio a uma maré humana, com a transmissão cortada pelo sinal ruim da internet.

A ligação dura 53 segundos.

— A gente não vê os rostos das pessoas, a gente vê apenas o contorno de corpos — continuo até o sinal cair.

Dei o recado, penso. Sento no paralelepípedo. Uma lágrima escorre pelo rosto. Passo a receber mensagens de familiares, no Brasil, que ouviram o relato.

— És um cronista digno dos nossos tempos — registra em sua conta no Instagram minha prima Simone, também jornalista e minha inspiração quando decidi por essa profissão, anos atrás.

As lágrimas saem quentes, mas, ao escorrerem pelo rosto, se tornam geladas. Sinto um turbilhão de emoções: lembro da saída às pressas de Porto Alegre, o tchau mal dado a minha mãe, que me acenou à distância pela janela do carro naquele trajeto tresloucado para o aeroporto, a ligação interrompida pela pressa na videochamada com a Fran, o áudio dos meus padrinhos, do meu afilhado, Miguel, da Luciana, todos com voz embargada. Havia a preocupação com o teste de PCR (e se der positivo para a covid-19?), a angústia de não chegar a tempo no aeroporto, a madrugada no voo, a escala em Frankfurt, os 413 quilômetros de carro entre Varsóvia e Medyka. Agora, sentado no escuro de uma estrada esburacada, observo seres humanos transformados em efígies de si próprios: refugiados de um conflito sem sentido e com suas vidas e histórias resumidas a poucas malas e muitas memórias.

Levanto. Respiro fundo e caminho mais 300 metros. São 18h06min (14h06min em Brasília). Chego ao posto de fronteira. Do outro lado, é a guerra.

Quem sai do inferno ucraniano segue um ritual. Com um passo, vence a cancela que indica que a fronteira foi superada. Então, larga por um instante a mala, verifica se o celular tem sinal e busca identificar na multidão em frente ao portão algum rosto conhecido. Em geral, não encontra. Vê diante de si repórteres em busca de um relato, policiais tentando impor alguma ordem, moradores das redondezas, curiosos e até gente tentando arrancar dinheiro de quem deixou tudo para trás. E há os voluntários, esses, sim, responsáveis por gestos grandiosos: distribuem água, sanduíches e papel higiênico. Alguns doam até abraços. Quando observam alguém solitário cruzando a fronteira, caminham em sua direção e abraçam o recém-chegado. Em geral, depois, prestam alguma orientação e verificam se essa pessoa tem lugar para ficar. Outros voluntários preferem o anonimato. À minha frente, um deles escreve com pincel azul a frase "Bem-vindo à Polônia" em um pedaço de papel anexado a um brinquedo no chão. São grandes amontoados de personagens em pelúcia, bonecas, carrinhos e miniaturas de caminhões. Ao lado, observo uma menina, incentivada pela mãe, escolhendo um ursinho rosa. Imagino que será seu companheiro de viagem daqui para frente.

Toda a ajuda — água, comida, produtos de higiene, brinquedos, roupas e cobertores — está depositada em um grande terreno ao lado da cancela que demarca a fronteira. A um primeiro olhar, parece um monte de doações jogadas ao chão. Mas há certa ordem: roupas são a maioria dos itens. Depois, há carrinhos de bebê. Em seguida, os brinquedos. Por fim, os calçados. Cada refugiado chega, examina uma peça, escolhe e a leva consigo. Uma luz de emergência ilumina o local.

Krzysztof Bumbul, 35 anos, trouxe ajuda de Varsóvia. Ele e dois amigos deixaram a capital polonesa na manhã de sábado, dia 26 de fevereiro, em três veículos carregados com garrafas de água mineral e caixas com sanduíches.

— Reservamos espaço nos carros porque pensamos inclusive em oferecer carona — explicou.

Acomodações temporárias são oferecidas a quem chega. A maioria não fica em Medyka. Segue para outros lugares da Polônia, depois de receber uma refeição quente em uma escola a um quilômetro da fronteira.

O funil de Medyka

Os relatos de quem consegue sair da Ucrânia pelo posto fronteiriço de Medyka são chocantes. Milhares de pessoas se acumulam em um portão, a cerca de 300 metros de onde estou. Não consigo visualizar esse horror. Apenas as consequências. Há muito mais gente do que a vizinha Polônia consegue receber. Passam famílias a cada cinco ou 10 minutos. É muito pouco, imagino, diante do que há do outro lado.

Faz frio, a temperatura não passa de 4°C. O número de pessoas que saiu da Ucrânia nas últimas 24 horas mais do que dobrou — passando de 150 mil para 368 mil.

Depois de caminhar horas em direção à Polônia, muitos ucranianos acabam desistindo diante da multidão. Não há ordem. Há uma massa humana acotovelando-se cada vez que o portão é aberto.

Oxana deixou a cidade de Zhytomyr junto da irmã grávida e com os dois filhos. Viajaram 500 quilômetros de carona até a fronteira.

— Fizemos as malas e viemos para cá. Meu marido vive em Düsseldorf e vem nos buscar. Vamos juntos para a Alemanha — diz a ucraniana de 40 anos.

Seu filho mais novo, de nove anos, é um dos que pegou os bichinhos de pelúcia da montanha de doações. A irmã, gestante de quatro meses, está sentada sobre as malas. Ela chora ao telefone. Oxana também se emociona ao falar dos pais, que ficaram na Ucrânia.

— Meu pai, que tem mais de 60 anos, quer lutar pelo país. Eles também não queriam abandonar o cachorro. Nenhum de nós jamais pensou em deixar a Ucrânia — conta.

Ania, a filha mais velha, está cansada.

Tivemos de caminhar por vários quilômetros. Depois, ficamos na fila por mais de 10 horas. Muitas pessoas nos empurravam, sentia medo de ser esmagada — conta.

O congestionamento na fronteira passa de 20 quilômetros. O brasileiro Cristian Daniel Dal Bello Fagundes, 22 anos, é um dos que está prestes a enfrentar esse desespero. Jogador de futebol, ele chegou à Ucrânia há quatro meses para defender o Zorya, de Luhansk. Quando a guerra começou, o atleta, junto com outros quatro brasileiros, saiu de Zaporizhia rumo a Lviv de trem. Por volta das 6h de sábado, 26, o grupo conseguiu desembarcar na cidade.

— Enquanto estávamos lá, a cidade ainda não tinha sido atacada, mas teve uma evacuação de emergência e colocaram um trem à disposição. Quando ficamos sabendo, faltavam 10 minutos para o trem sair, mas morávamos a 20 minutos da estação. Conseguimos um motorista e, por sorte, o trem atrasou — lembra. — Conseguimos sair de lá, graças a Deus.

A jornada agora é a pé, entre Lviv e a fronteira. São 80 quilômetros.

— Conseguimos pegar um motorista que andou cinco quilômetros em direção à fronteira e que não quis mais seguir por causa dos muitos carros à frente. Tivemos de vir a pé. Estamos há sete horas caminhando, já andamos mais de 40 quilômetros. Está escuro e faz muito frio — postou Cristian em redes sociais.

Ainda é dia quando envio uma mensagem pelo celular para o jogador, natural de Passo Fundo, no Rio Grande do Sul. Às 23h30min, ele confirma que ainda está em território ucraniano:

— A gente conseguiu achar um posto aqui, tem umas coisas para comprar. Estamos dentro da Ucrânia ainda e temos uma hora e meia de caminhada pela frente.

Cristian está acompanhado de Guilherme Smith, natural de Juiz de Fora (MG), e Leovigildo Júnior Reis Rodrigues, conhecido como Juninho, de Cataguases (MG), que segue para a fronteira com a esposa, Vitória, e o filho, Benjamin, de três anos.

Adormeço em uma cama quente de um hotel em Przemyśl, minha base próximo a Medyka. A mente não para de tentar adivinhar se o grupo já conseguiu superar o funil polonês. Acordo, e amanhece nevando. Envio nova mensagem a Cristian.

— Foi a pior noite da minha vida — ele responde, um tempo depois.

Após caminhar 40 quilômetros, o grupo esbarrou na muralha humana que tenta chegar à Polônia. Diante da aglomeração, eles desistiram. O acúmulo de pessoas chegava a quatro quilômetros da fronteira.

— Não conseguimos. Quase congelamos. Tivemos de fazer uma fogueira. Dormimos na rua — conta.

Após a madrugada ao relento, quando a temperatura caiu abaixo de zero, eles encontraram um ônibus e voltaram a Lviv, onde buscaram um hotel. A sensação, ao desistir da jornada, é de frustração, medo e incerteza:

— Não chegamos nem próximo da fronteira. A fila de pessoas cobre a rua toda.

Naquela manhã, de volta a Medyka, caminho até o prédio da alfândega polonesa. Organizado, limpo e vazio, o cenário contrasta com as imagens que surgem em redes sociais do outro lado do portão. Quero saber apenas se, uma vez cruzando a fronteira, poderei retornar. A única funcionária no local, grita.

— É uma guerra!

— Não há garantias.

— Não vá.

Compreendo o alerta. Mas meu trabalho exige entrar. Retorno e comento com colegas jornalistas brasileiros a conversa no posto. Nesse dia, havia encontrado Rodrigo Carvalho, Ernani Lemos e Ross Salinas, da equipe da TV Globo em Londres, enviada para cobrir o conflito no Leste Europeu. Rodrigo é um amigo querido, companheiro de outras coberturas internacionais, como a do resgate dos 33 mineiros que ficaram soterrados no meio do deserto do

Atacama no Chile, em 2010. Decidimos reeditar a parceria. Em grupo, há mais segurança para se entrar em uma zona de guerra. Ponderamos riscos, em uma rápida reunião. Avaliamos prazos para retornar a tempo de enviar as reportagens, caso não haja sinal de internet lá dentro. E batemos o martelo: vamos tentar ingressar na Ucrânia a pé. O plano é fazer uma incursão rápida: ir, entrevistar pessoas, avaliar a situação de segurança e retornar.

Envio mensagem à Redação, em Porto Alegre. Informo Nilson Vargas, meu editor, que tentaremos cruzar a fronteira. Rodrigo e equipe fazem o mesmo em relação ao escritório em Londres. Sob risco de ficar sem sinal e sem bateria no celular, peço que Nilson tranquilize minha família, se eu permanecer incomunicável por algumas horas.

Esse é um dos dilemas dos correspondentes de guerra modernos. Antigamente, ficava-se dias sem comunicação em um território conflagrado. Hoje, com os aplicativos de mensagens instantâneas, nossos familiares acompanham cada passo da cobertura, nossa guerra particular. Envio os contatos para Nilson.

— Compartilha com eles os meus números — ele sugere.

Era o que eu temia. Ao enviar para a Fran o telefone de Nilson, alertando que posso ficar sem comunicação por algumas horas, ela responde:

— Boa sorte! Que bom que não estás sozinho.

Sei que adivinha meus planos. Envio mensagem a minha mãe, que pressente meus passos seguintes.

— Tu não vais entrar na Ucrânia, né? — ela pergunta.

Prefiro não mentir. Respondo apenas:

— Vou tentar.

Volto ao carro e coloco um rolo de papel higiênico, o notebook e os cabos na mochila. Pego três garrafas com água e algumas barras de cereal. Com Rodrigo, Ernani e Ross, almoço o que imagino ser a última refeição antes de ingressar na Ucrânia: uma sopa quente.

— Vamos comer bem — brinca Ernani.

O clima é de confiança. Mas, sentados à mesa, informações que chegam do outro lado da fronteira começam a inundar nossos smartphones.

— Não venham — diz um empresário de futebol, que ainda está tentando retirar seus jogadores do país. — Não há garantia de saída.

— A espera pode demorar 48, 72 horas. No frio, na neve — diz outro.

Observo o semblante tenso dos colegas. As mensagens nos preocupam, mas o que acaba sendo decisivo é um vídeo do The Guardian recebido por Ross. Nas imagens, um drone sobrevoa uma massa humana por minutos e minutos sem fim, sobre as cabeças dos refugiados. São dezenas de quilômetros de pessoas acumuladas, represadas em seu país, sem conseguir fugir. Pilhas de lixo e carros abandonados conformam um monumental engarrafamento.

Se entrarmos, não teremos garantias de sair — e segurança é fundamental. Frustrados, mas resignados, decidimos não ir.

Circulando pelas ruelas contornadas por casas antigas com telhados triangulares, sob neve, não é difícil imaginar Przemyśl durante os invernos da II Guerra Mundial. A batalha pela defesa da cidade começou em 11 de setembro de 1939, quando as tropas nazistas invadiram a Polônia. A resistência à Wehrmacht durou apenas três dias. Em 14 de setembro, Przemyśl caiu. Quem diria: hoje, a cidade do sudeste polonês, com 60 mil habitantes, é cenário de esperança.

É assim que os ucranianos em fuga, hoje de outra batalha, a de Kyiv, a 650 quilômetros daqui, veem a primeira grande cidade depois da fronteira. Nenhum local resume melhor esse sentimento do que a plataforma número cinco da imponente estação central de Przemyśl. É ali que, diariamente, desembarcam centenas de refugiados que conseguem escalar trens lotados na metrópole da guerra.

Do lado de fora, aos cartazes habituais de boas-vindas foi acrescentada outra frase: "Há moradia." Ao menos por alguns dias. Muitos voluntários correram à estação em apoio às famílias recém-chegadas. Em frente à plataforma cinco, há água e comida.

No interior do prédio, transformado em campo de refugiados, há pessoas sentadas ao chão, com cobertores às costas, gente sorvendo sopa sem talheres, no prato mesmo, e crianças com as bochechas rosadas devido ao frio, aos prantos, em carrinhos.

Roupas, alimentos, água e brinquedos são coletados nos saguões. O fluxo de voluntários é tão grande que alguns corredores foram reservados para o trabalho. Após o pedido de uma entidade de ajuda, 80 cadeirinhas para o transporte de crianças foram doadas em apenas duas horas. Caminhões chegam de várias cidades.

O caos é apenas aparente. Cada sala tem sua função: em uma, está o dormitório de mulheres e crianças, em outra, há comida quente e apoio médico. Em mesas improvisadas, funcionários da prefeitura questionam a situação de cada refugiado. Quem deseja seguir para Varsóvia é encaminhado para algum trem próximo, de graça. Basta apenas paciência.

Iryna, 28 anos, está sentada no chão, ao lado da mãe e da irmã. Os refugiados, em geral, falam pouco. Por pressa ou por constrangimento. Iryna conta que chegou em um dos últimos trens que deixaram Kyiv.

— Sabe aquele prédio de apartamentos que foi atingido pelas bombas, que apareceu na TV? Era perto do meu — afirma.

Vários trens chegam da Ucrânia a Przemyśl. Os atrasos são cada vez mais frequentes, e raramente informados. Muitos moradores oferecem transporte gratuito, mesmo à noite: "Cracóvia, Tarnov, três lugares livres", anuncia um cartaz.

— Estou muito emocionada. Em todos os lugares nos deram comida, roupas, fizeram de tudo para nos ajudar — diz a ucraniana de 32 anos, que ficou na estrada por três dias.

Voluntária brasileira

Fenômeno das guerras contemporâneas, as redes sociais produzem desinformação. Mas também ajudam. É por meio do Instagram que faço contato com Clara Magalhães, 31 anos, paulista que mora na Alemanha e que decidiu pedir demissão do emprego para ajudar a retirar brasileiros da Ucrânia. A essa altura, os relatos desesperados se avolumam nas redes: há gente em Kyiv sem dinheiro para sair, brasileiros a pé no caminho para Lviv e refugiados presos nos amontoados humanos próximos às fronteiras ucranianas.

Clara alugou um carro e rumou para a Polônia. Entrou na Ucrânia por Medyka e saiu pelo posto fronteiriço da Hungria. Está agora em Nyíregyháza. Tornou-se uma espécie de salvadora de brasileiros. Ela conta:

— O carro estava vazio. Então, alguém me perguntou: "Posso colocar isso aqui pra você levar para o outro lado?" Eu falei: "Bota, bota!". Encheu o carro. E, mesmo com o carro cheio, ainda me senti culpada por não ter enchido mais. Poderia ter levado água embaixo dos bancos. É doloroso quando uma mãe vem, com uma criança, e pergunta: "Você tem água?" Eu só tinha quatro garrafinhas. As pessoas falavam: "Você tem meia?" Eu não tinha. Tinha fraldas... mas acabaram.

Clara viu coisas feias do outro lado. Logo ao ultrapassar a fronteira, foi confrontada com um cenário de milhares de pessoas tentando sair, em direção à Polônia.

— Uma vez que você entra na Ucrânia, não tem como sair tão facilmente. São 40 quilômetros de carros — diz.

Muita gente desiste no caminho e tenta retornar a Lviv, a maior cidade do oeste da Ucrânia, distante 80 quilômetros da fronteira polonesa:

— Coloquei um papelão com a bandeira do Brasil no vidro do carro. Estava dirigindo e gritando: "Brasileiros, América Latina!".

Clara procurava por três brasileiros que estariam a sua espera em um posto de combustíveis. Havia recebido a localização do grupo pelo celular.

Quando cheguei ao local, eu não tinha mais internet. Fazia duas horas que haviam me mandado mensagens.

Sem localizar os brasileiros, ela acabou dando carona a um nigeriano e a uma ucraniana.

— Estou procurando brasileiros — disse a eles.

Na hora em que pronunciou a frase, outras pessoas a escutaram. Uma jovem sorriu:

— Brasileiros?

— Sou brasileira, eu estou procurando brasileiros — repetiu.

Eram eles. Clara encontrou Edson Fernando, Talles Brenner e Jessika Ariani, que se juntaram à ucraniana Aleksandra e ao nigeriano Don Caleb:

— Eu já estava com a ucraniana e o nigeriano no carro. Não ia colocar ninguém para fora.

Clara perguntou:

— Tudo bem se vocês se esmagarem dentro do carro? Se vocês se esmagarem, a gente vai embora juntos.

Aceitaram. O grupo percorreu 210 quilômetros até a fronteira com a Eslováquia, na tentativa de sair da Ucrânia. Não conseguiu. Clara decidiu, então, rumar para a Hungria.

— Se não der nessa fronteira, a gente vai para a próxima. Vamos para Romênia, para Moldávia. Se não der na Moldávia, a gente abandona o carro e vai a nado — brincou.

Até a fronteira com a Hungria, eles chegaram a esperar 16 horas para percorrer dois quilômetros. Foi por ali que conseguiram deixar o território em conflito.

Após o primeiro contato pelo Instagram, converso, por telefone, com Clara. Ao final da entrevista, informo meu desejo de entrar na Ucrânia.

— Vem para a Hungria. Entramos juntos — ela diz.

Em seu cálculo benevolente, mais um carro significa maior capacidade de transportar comida, remédios e itens de higiene aos ucranianos. Na volta, são pelo menos cinco lugares a mais para brasileiros. No meu cálculo de jornalista, preciso entrar na Ucrânia.

— Vou te encontrar — digo.

Ao entardecer na Polônia, inicio uma viagem de 330 quilômetros de carro entre Przemyśl e Nyíregyháza, na Hungria. Olho no mapa e parece fácil. Mas, ao cair a noite, quando já estou afastado dos centros urbanos e o GPS do celular começa a falhar, enfrento desafios: entroncamentos sem sinalização, estradas sinuosas e um sobe e desce de montanhas com neve. Em certos momentos, os pneus do carro perdem aderência e, à esquerda e à direita, o precipício está à espreita. Me arrependo de ter começado a viagem tão tarde. Uma placa de trânsito anuncia o ingresso na Eslováquia às 21h. Parece madrugada. Cruzo vilarejos vazios, faço uma pausa em um McDonald's e dirijo mais algumas horas em uma planície coberta com lavouras. Chego a Nyíregyháza às 23h. Clara, de forma muito gentil, me conseguira uma vaga no hotel no qual estava hospedada.

No dia seguinte, Clara amanhece cheia de compromissos. Diante da demora do Itamaraty em retirar cidadãos da guerra, ela se tornou celebridade nas redes sociais e na TV brasileira. Concede entrevistas a vários veículos de comunicação, enquanto a espero. Duas coisas me preocupam: retirar refugiados não é, exatamente, a função de um repórter. Mas entendo que, em uma situação de guerra, não deixarei ninguém para trás, ainda mais estando com o carro vazio. A segunda: Clara me fala sobre a necessidade de portar os documentos originais do veículo que eu alugara em Varsóvia. Procuro a papelada e não a encontro.

Antevendo ser barrado na fronteira, acompanho Clara ao supermercado. Ela enche dois carrinhos com todos os produtos que lhe vêm à mente e que possam ser necessários a ucranianos em fuga: absorventes femininos, fraldas, papel higiênico, bolachas, energéticos, isotônicos, água, muita água. Eu a deixo ali por alguns instantes para procurar locadoras de veículos. Minha intenção é alugar outro carro com documentos apropriados, que me permitam sair da União Europeia. Tento três operadoras, mas os funcionários dizem que só terão veículos disponíveis daqui a dois ou três dias. Não será desta vez, imagino, que conseguirei entrar na Ucrânia. Resignado, retorno ao supermercado, ajudo Clara a encher seu carro, e seguimos até a fronteira.

O limite entre Hungria e Ucrânia, no vilarejo de Zahony, contrasta com o que testemunhara em Medyka. Enquanto na cidade polonesa a chegada por terra se revela em cenas de desespero de pessoas a pé, por aqui, passam apenas veículos, e o movimento de saída é menor.

Os carros demoram em média cinco horas para chegar ao posto, devido à fila do outro lado. Os guardas de fronteira estão nervosos. Mesmo antevendo o fracasso, tento cruzar, apresentando apenas as cópias dos documentos que tenho disponíveis. Um guarda ri, de forma irônica, ao me identificar como jornalista. Ordena que me afaste:

— Não queremos jornalistas por aqui.

A Hungria recebeu mais de 84 mil refugiados até agora. O país tem cinco postos de fronteira com a Ucrânia. Várias cidades limítrofes, como Zahony, disponibilizaram edifícios públicos para receber ucranianos. Alguns civis oferecem refeições.

Clara passa. Eu fico. Horas depois, acompanho em seu perfil no Instagram uma transmissão em que ela aparece dirigindo por estradas da Ucrânia na escuridão. Ao vivo. Essa é a guerra em tempos de redes sociais.

Missão: entrar no lugar de onde todos querem sair

Przemyśl, 2 de março, temperatura de 1°C negativo. Estou de volta à Polônia. Lá se vão sete dias de cobertura, mais de 1,5 mil quilômetros dirigindo sozinho e seis hotéis diferentes em Varsóvia, Rzeszów, Przemyśl e Nyíregyháza. Quatro países: Alemanha, Polônia, Eslováquia e Hungria. Esse périplo pelas franjas da Ucrânia me permitiu conhecer o drama daqueles que mais sofrem com a guerra, os refugiados. Mas falta entrar.

Na saída de Nyíregyháza, como tenho feito com frequência, havia trocado percepções sobre o conflito com Rodrigo, que cobria o drama em Przemyśl. No meio das mensagens, ele me disse que trens ucranianos estavam chegando à Polônia abarrotados de refugiados em dois horários: às 11h e às 16h.

— E voltam praticamente vazios — contou.

— Voltam? — questionei.

— Sim, qualquer um pode embarcar de volta para a Ucrânia — reforçou Rodrigo. — E é de graça.

É irônico: um trem para a guerra a custo zero, pensei. E quem embarcaria em um trem para a guerra?

Minhas duas tentativas anteriores de ingressar na Ucrânia haviam falhado. Estava quase jogando a toalha. Na tarde passada, o colega de Zero Hora Humberto Trezzi, jornalista também acostumado a cobrir conflitos no exterior, puxara conversa pelo WhatsApp:

— Vais tentar entrar? Ou não deixam?

— Já tentei duas vezes e não consegui. Bati na trave — respondi.

— Cara, tenta até o último minuto — sugeriu.

— Com certeza.

A conversa foi encerrada com a imagem de um punho fechado.

Mensagens como essas revigoram o ânimo, ainda que a decisão de entrar em uma zona de conflito seja individual. Os colegas ajudam, os chefes aconselham, mas o passo decisivo é solitário. E pode não ter volta.

A noite de sono em Nyíregyháza havia sido tranquila, apesar da frustração do dia anterior. Ainda não consigo entender por que a locadora reteve os documentos originais do carro. Mas estou resignado. Tento não pensar muito no que ocorreu e mirar na próxima fase. Resiliência é uma característica que se adquire nessas coberturas: cair, levantar, infinitas vezes. Na viagem de volta à Polônia, havia conseguido até curtir a paisagem dos penhascos das montanhas do sul, que, duas noites atrás, me provocavam tanta preocupação. Dirigi no sentido contrário, retornando a Przemyśl, ao som de MPB e rock brasileiro. Mas a frase de Rodrigo martelava na minha mente: trem para a Ucrânia.

Fran, minha namorada e incansável produtora de TV, descobrira nas redes sociais uma fonte importante: Olena Vladyka, uma ucraniana moradora de Lviv, que está ajudando brasileiros a sair do país. É formada em Letras e fala português fluente.

— Pelo que entendi, ela leva brasileiros até a estação — disse a Fran.

Ficara, imediatamente, confiante com a mensagem.

Agora, em Przemyśl, avalio a situação. Converso com Olena por telefone. Ela me explica que poderia me buscar na estação de Lviv, no oeste ucraniano. Levaria-me até a casa de um amigo e, se precisasse, me conduziria de volta até os trens para deixar o país.

Terminada a ligação, e com a ideia de embarcar para a Ucrânia, dirijo-me à estação de Przemyśl, não sem antes trocar todo o dinheiro polonês, os zlotys, e os euros que ainda tenho na carteira, por grívnia, a moeda ucraniana. Para evitar ser saqueado, divido as pilhas de notas — sinal de desvalorização da grívnia nesses dias — em diferentes bolsos.

Trezzi envia uma nova mensagem:

— Como está aí?

— Tudo indo. Meio corrido — respondo.

— Sempre, hehehe — ele diz.

— Tô de volta à Polônia. Vou tentar mais uma vez — conto, entusiasmado.

— Faça isso. Importante dizer que entrou. Para as gerações futuras.

Trezzi sabe o quanto isso me é caro. Entrar, chegar, estar no centro dos acontecimentos. Foi assim no Líbano, na Líbia, no Iraque. Está difícil desta vez. Posso não conseguir. Minha balança interna, que costuma equilibrar medo e adrenalina, pende para o primeiro. Não há garantias lá dentro.

Estou agora em pé na estação de Przemyśl, na fila do trem para a Ucrânia, como qualquer ucraniano que tenta voltar para sua terra. A espera pode levar quatro horas. Procedente de Lviv, a composição chega à estação abarrotada de refugiados. Centenas de pessoas descem e passam pela alfândega: idosos, mulheres e crianças. Funcionários começam a limpeza dos vagões. Depois da higienização, começa o embarque.

Na pressa, tenho um contratempo: deixei o carro mal estacionado na Avenida Aleksandra Dworskiego. Não estará lá, quando retornar, imagino. Decido, então, abandonar a fila do trem, recuperar o veículo e, sorte das sortes, garantir uma vaga no estacionamento da própria estação. Isso me permite observar a chegada das pessoas até a fila, a certa distância, mantendo o celular conectado ao painel do veículo. Aproveito os últimos minutos antes do embarque para carregar as baterias — a do aparelho e as minhas.

É nessa hora que aparecem os demônios. Ou seriam anjos? Sei lá, o fato é que, em minha mente, multiplicam-se dúvidas. Preciso mesmo entrar? Devo embarcar? E se o trem for alvejado pela aviação russa? E se não houver lugar para ficar? E se não conseguir voltar?

Em mais de 20 anos de coberturas de guerra, sempre me orgulhei de ter tomado a decisão mais acertada possível em meio a contextos instáveis, diante de crises nas quais os cenários mudam a cada segundo. Meu radar pessoal de perigo, nessas horas, costuma buscar garantias. Se o risco é maior do que a segurança, há algo errado. "Nenhuma reportagem vale a vida de um repórter". Essa é uma frase clichê. Mas é verdade.

Em situações como essa, a adrenalina nos joga para frente, nos faz querer seguir, entrar. O medo, por sua vez, paralisa. Se há muita adrenalina, a chance de cruzar uma linha vermelha e ser ferido ou morto é maior. Excesso de medo nos prende ao hotel. E lugar de repórter é na rua, onde a história está sendo escrita. Ao vivo.

Claro que essa é uma tentativa de racionalizar o irracionalizável. Não há garantias. Segurança é apenas uma sensação. E, por vezes, traiçoeira. Mas preciso confiar na intuição.

Busco garantias em novo contato com Olena, a ucraniana. Sua demora em responder me angustia.

— Consigo mesmo sair da Ucrânia, se precisar? — pergunto.

— Você consegue pegar um trem, ficando em uma fila. Não é fácil, demora quase um dia, você vai ficar de pé o caminho inteiro. Mas estrangeiros têm preferência — ela diz.

— Ok — respondo.

— Avise-me quando entrar no trem, vou te buscar — garante.

Meu radar ainda está confuso. Passarei noites ao relento? Quanto tempo levará para o portão da Polônia se abrir?

Envio uma mensagem para Nilson, meu editor. Nessas horas, alguém distante, com a cabeça fria, ajuda.

— Oi, chefe, nas últimas horas avançaram bastante aqui as negociações. Conseguimos uma fonte lá dentro. Ela me consegue a casa de um amigo para ficar. Estou em uma fila de ucranianos tentando voltar para a Ucrânia. Eu vou tentar entrar. Estou em contato com a fonte, ela vai me esperar na estação, eu te confirmo se pisar no trem — digo.

— E tu vais de trem? — Nilson questiona. — Estou te sentindo mais seguro. Na reta final, a decisão é tua.

— Sim, trem. Te aviso, se conseguir embarcar — finalizo a mensagem.

Antes de desligar o celular para poupar bateria, compartilho o contato de Olena com Nilson, para caso de emergência. Envio também o número de Clara, a brasileira que está retirando refugiados.

A fila começa a andar. Deixo meu carro e me dirijo a ela. Puxo conversa com o casal atrás de mim. Eles deixaram a Ucrânia um mês atrás para passar férias no Sri Lanka. Enquanto fala, a mulher toma sopa oferecida por voluntários. O rapaz supervisiona as malas. Contam que havia uma semana estavam tentando voltar a seu país.

— Por que retornar? — pergunto.

— É nossa casa — diz ele.

— Saímos quando não havia guerra e voltamos com ela — lamenta a mulher.

Pouco antes de subir os degraus e ingressar no prédio da estação, conheço outro passageiro. O jovem explica que estava viajando pela Europa. Ficou 20 dias fora. Vai correr o risco de entrar na Ucrânia, porque sua namorada ficou lá. Passamos juntos pela alfândega.

Cada um nessa fila tem seus motivos para voltar. E todas as razões são nobres — inclusive a minha, penso. Não cheguei aqui para recuar. Com o passaporte carimbado, ingresso na plataforma número cinco e subo no penúltimo vagão. Não há lugar definido nem passagem a ser conferida. Como me alertara Rodrigo, o trem para a guerra é de graça.

Às 18h52min (14h52min em Brasília), envio para Fran uma foto de dentro do vagão. Às 19h03min (15h03min), uma segunda mensagem:

— Saindo.

— Torcendo por ti — diz ela.

O trem se move muito devagar. Ao meu redor, homens com semblantes preocupados. Ao fundo, um grupo de senhoras conversa e até uma gargalhada é possível escutar. O vagão é antigo, as luzes amareladas. Calculo mentalmente: há 43 passageiros comigo. Sou o 44°. Somando todas as unidades do trem, há, no máximo, cem pessoas nesta viagem.

A composição para de repente. Soldadas ucranianas sobem a bordo para conferir os documentos dos passageiros. Ao verem meu passaporte, discutem entre si. Entendo apenas o "Brazyliya", Brasil em ucraniano. Presumo que o diálogo seja sobre a necessidade ou não de visto para brasileiros. Após alguns segundos, uma delas carimba o documento. A inspeção é rápida. O trem volta a avançar, agora com um pouco mais de velocidade.

São 20h11min. Ao cruzar a fronteira da Ucrânia, o fuso horário é acrescido em uma hora em relação a Brasília. Agora, estamos cinco à frente: são 15h11min no Brasil. Envio mensagem para a produção da Rádio Gaúcha, informando que preciso entrar no ar, enquanto há ainda sinal no celular. Estou dentro da Ucrânia.

Envio a Olena uma nova mensagem informando que embarquei. Mando também uma foto para que ela me reconheça ao chegar à estação: "Uso óculos", alerto.

20h25min (15h25min), ela responde:

— Seguinte, quando chegar a Lviv me avisa, mas eu só consigo chegar à estação por volta das 7h da manhã. Até às 6h, temos toque de recolher.

Se tudo correr bem, calculo que devo desembarcar dentro de duas horas. Ou seja, às 22h57min, sete horas antes do planejado por Olena para me buscar. Terei de passar a madrugada na estação, imagino. Outra mensagem da ucraniana:

— Oi, vi que amanhã vão prolongar o horário de recolher. Talvez chegaremos mais tarde, por volta de 8h.

Resignado, respondo.

— Ok, vou te esperar.

— Boa viagem — ela encerra.

As luzes do trem se apagam.

Abandono e caos em Kyiv

No hotel Opera, no centro de Kyiv, o jogador de futsal Matheus Ramirez desceu do seu quarto até a sala de eventos, transformada em bunker, para se reunir aos outros brasileiros. Viu apenas o mar branco de colchões e cobertores. Não havia mais ninguém.

— Não acredito — disse um italiano, membro da comissão do Shakhtar, ao observar Matheus, a essa altura desesperado por ter ficado para trás.

— Tu não quiseste ir? — perguntou o gerente do hotel.

Matheus não acreditou. Todos haviam ido embora.

O gaúcho subiu às pressas até os quartos de Moreno, David e da amiga ucraniana, Karine. Eles também haviam ficado. Indignados, começaram a enviar mensagens aos outros brasileiros, do grande grupo que havia partido.

— Como assim, vocês não estão aqui, na estação? — perguntou um deles, com o pé no trem que o levaria para fora da Ucrânia.

— Como a gente vai estar na estação? Como íamos saber que tínhamos de ir para a estação? — irritou-se Matheus.

Fazia menos de uma hora, ele e os amigos haviam se separado dos demais. A garantia de que ninguém sairia naquele dia vinha de uma conversa que ocorrera pela manhã. Muitos no grupo estavam nervosos com a demora do governo brasileiro em organizar a retirada. A situação em Kyiv piorara drasticamente, os bombardeios eram cada vez mais intensos e, na madrugada anterior, por volta das 4h, houve um tiroteio a 150 metros do hotel. Aquilo era um indicativo de que a segurança se deteriorava. Provavelmente, não teriam como deixar o hotel tão cedo. "Ninguém sai hoje", pensou Matheus, ao final da conversa.

Parte do grupo de brasileiros tomou café e subiu para os quartos. Matheus continuou no térreo até a hora do almoço. Subiu por volta das 14h. Pensou que seria um bom horário para falar com a família no Brasil. Ele conversou por chamada de vídeo com o pai, a irmã e a namorada. Tomou banho e voltou à recepção. Tudo em menos de uma hora. Foi quando teve a surpresa desagradável.

Decepcionado, revoltado e sentindo-se abandonado, Matheus ficou. Às 17h daquela sexta-feira, 25, iniciava-se o toque de recolher em Kyiv. Dessa vez, seria estendido. Até segunda-feira, ninguém mais poderia sair.

Os jogadores do Shakhtar entraram no trem para uma viagem até a cidade de Chernivtsi, no sudoeste da Ucrânia, a 535 quilômetros de Kyiv, nas proximidades das fronteiras com a Romênia e a Moldávia. O grupo composto por 37 pessoas deixou o país em guerra no domingo, 27 de fevereiro.

Naquele mesmo domingo, Vanessa e Vladmir deixaram tudo pronto para partir no dia seguinte. Na segunda, 28, assim que o toque de recolher fosse suspenso em Kyiv, tentariam fugir. Às 8h, as duas malas estavam em frente à porta do apartamento. Vladmir foi ao mercado, Vanessa saiu com Thor. O casal escreveu no grupo do condomínio:

— Precisamos de alguém para nos levar até a estação ferroviária.

Vladmir recebeu imediatamente uma resposta privada:

— Não faça isso.

Era Larissa, a misteriosa vizinha ucraniana que oferecera abrigo no primeiro dia da guerra.

— Não vá, vocês não vão conseguir entrar no trem — alertou.

Larissa voltava a oferecer:

— Venham para onde estou, ajudo vocês: dou um jeito de mandá-los a Lviv.

Vanessa e Vladmir estavam muito ansiosos. Queriam sair imediatamente. Assim que um vizinho ofereceu carona até a estação, eles agarraram a oportunidade. No trajeto de 30 minutos de carro pelo centro da capital, o grupo passou por barricadas, estruturas de metal utilizadas para conter o avanço de blindados e trincheiras. Eles observaram ainda caminhões militares, tanques de guerra ucranianos, filas em supermercados e em postos de combustíveis. Havia muitos soldados pelas ruas.

— Minha família foi, mas eu vou ficar. Meu apartamento está aqui, minha vida está aqui — disse o vizinho, enquanto dirigia.

Ao chegarem à estação, Vanessa e Vladmir testemunharam um mar de seres humanos se acotovelando para fugir. Eles buscaram a plataforma de onde partiam os trens para Lviv. Diante da multidão, Vanessa pegou Thor, o buldogue francês, no colo, colocando suas patas sobre o seu ombro. O animal pesa 15 quilos, mas Vanessa não teve tempo de avaliar os riscos para a gravidez. Não deixaria Thor ser pisoteado. Vladmir carregava as malas. Policiais armados com fuzis tentavam controlar o incontrolável. No meio do empurra-empurra, Vladmir teve uma ideia. Gritou em russo:

— Ela está grávida!

A multidão abriu espaço. Vanessa passou com Thor. Mas Vladmir ficou.

— Meu marido! Meu marido! — ela suplicou.

Os policiais não o deixavam passar. Vanessa o puxou pelo braço. O combinado era: se um não entra no trem, o outro também não vai.

Na plataforma, mais multidão. Um caos. Havia malas abandonadas pelo caminho, gente desesperada, tentando ingressar no trem já lotado. Adultos gritavam, crianças choravam. Vladmir estava sem reação. Vanessa não conseguia chorar. Havia homens armados, que empurravam a multidão quando as portas se fechavam. Em reação, a massa de refugiados, apartada da viagem, se avolumava sobre os policiais. Percebendo que não conseguiriam embarcar nem se esperassem por vários dias, Vanessa pensou em Larissa, a vizinha ucraniana que os havia alertado a não ir até lá.

— Liga para ela — pediu ao marido. — Pergunta o endereço.

Vladmir concordou.

Larissa respondeu imediatamente:

— Venham para cá.

Por razões de segurança, a vizinha não podia passar o endereço exato de sua localização.

— Vou me encontrar com vocês em um ponto e trazê-los para onde estou — explicou.

O casal saiu da estação em meio aos estampidos de tiros. Buscaram um Uber, mas não conseguiram. Enquanto Vladmir tentava um motorista no aplicativo, Vanessa viu duas mulheres descerem de um carro. Ela correu:

— Você é taxista? — perguntou ao motorista.

— Sim — respondeu o homem.

— Espera, a gente vai com você.

Antes lotado, o hotel Opera, de Kyiv, agora, abrigava no máximo 20 pessoas, a maioria ucraniana. Para Matheus, fora um final de semana de ruminar tristezas. "Onde, afinal, havia errado?", perguntava-se. "Por que havia ficado? Talvez se não tivesse subido ao quarto..."

No domingo à noite, ele combinou com Moreno, David e Karine que deixariam o hotel na segunda-feira bem cedo. Buscariam mais malas no apartamento e seguiriam para a estação de trem. Conforme o planejado, na manhã seguinte, eles deixaram o hotel, percorrendo o caminho inverso de dias atrás. Mas a estação de metrô, agora, estava fechada. Pontes haviam sido destruídas, e os trens não conseguiam passar. Não era mais possível voltar para casa.

O grupo seguiu, então, direto para a estação central. Tentaram comprar passagens, mas não conseguiram. Era impossível passar pela multidão. Insistiram uma, duas, três vezes. Na plataforma, as portas dos trens se fechavam diante das pessoas. A cada nova composição, a cena se repetia. Matheus e os amigos decidiram voltar para o hotel.

Pensaram em uma nova estratégia. Karina soube que a mãe conhecia o maquinista do último trem para Lviv. Quem sabe ele os levaria, se os reconhecesse. Por volta das 19h, eles voltaram à estação. Os quatro conseguiram subir na locomotiva, mas, quando a composição estava prestes a partir, foram descobertos por um funcionário, que ameaçou chamar a polícia. Tiveram de descer. David, o estudante de Medicina, quase caiu, em meio à confusão.

A estação estava com as luzes apagadas. Decepcionados, os brasileiros tiveram de retornar, mais uma vez, ao hotel. Receberam o carinho dos funcionários, que, apesar do adiantado da hora, serviram o jantar e pediram que se acalmassem.

— A gente paga a diferença por mais dias de hospedagem — disse Matheus.

— Neste momento, dinheiro é o que menos importa. Fiquem aqui o tempo que precisarem. Assim como estamos aqui trabalhando pelo tempo que precisar — respondeu o gerente.

Matheus, que até ali escondera da família o medo, a fim de poupá-la da realidade que estavam vivendo, por fim, desabou.

— Pai, acho que tão cedo a gente não vai conseguir sair daqui — disse, por mensagem de celular.

— Não desacredita, vocês vão sair daí. Confia em mim, filho — ouviu.

"Como confiar?", pensou Matheus. Queria, mas o pai estava no Brasil: do outro lado da fronteira, do outro lado do oceano, do outro lado do mundo.

Ainda com as imagens do horror da estação de Kyiv na mente, Vanessa, Vladmir e Thor chegaram ao ponto indicado por Larissa, a vizinha ucraniana, fora da capital. A rua estava deserta. Se a mulher não fosse buscá-los, ficariam ali, no meio do nada, sem tempo de voltar ao apartamento antes do início do toque de recolher. Regressar, na verdade, já não era opção. Havia combates em Irpin, cidade vizinha, no limite com Kyiv. Os russos estavam muito próximos. O condomínio ficava na rota das tropas de Putin, no caminho da invasão. O prédio certamente seria bombardeado, e, como haviam denunciado organizações de Irpin, homens ucranianos seriam mortos, e mulheres, estupradas.

Foram 10 minutos de silêncio, espera e angústia. Larissa apareceu e os levou a um hotel convertido em centro de apoio. O interior do prédio era temático, com tapetes antigos e armaduras medievais pelos corredores. As luzes ficavam apagadas a fim de não despertar atenção. Na cozinha, havia o entra e sai de homens e mulheres cozinhando em um fogão industrial. Vanessa acreditava que a vizinha era uma espécie de líder comunitária: coordenava a organização de marmitas para soldados e famílias refugiadas. Observando a cena, Vanessa se ofereceu para ajudar.

Me coloca para cortar as coisas, eu ajudo na cozinha — ofereceu-se.

Mas Larissa, que soubera naquele momento da gravidez de Vanessa, pediu que ela buscasse um sofá. Em minutos, apareceu com um pote de mel.

Isso aqui é para você, como presente. Agora, você vai subir: há um quarto te esperando — disse a mulher.

Exaustos, Vanessa, Vladmir e Thor foram ao dormitório. Era um quarto grande, com cama de casal, dois beliches e uma banheira. Antes do jantar, o casal foi surpreendido com uma bandeja com um prato de borsh, a sopa ucraniana, e pão.

Agora, deite. Descanse. Só não acenda as luzes — orientou Larissa.

Foi uma das primeiras noites tranquilas para o casal desde o início da guerra. Vanessa e Vladmir dormiram no beliche. Thor estava tão cansado que adormeceu sobre sua manta, sem dar atenção ao gato de outra refugiada que repousou com eles no mesmo quarto.

No dia seguinte, o casal embarcou rumo a Lviv a bordo de uma van organizada por Larissa. No caminho, em uma praça, outras famílias se uniram a eles. Com exceção de Vanessa e de outra mulher, todos viajaram sentados no piso da van cuja maioria das poltronas havia sido retirada. Ela observava na estrada dezenas de barreiras. Em algumas, precisavam apresentar passaportes. Em outras, homens armados espichavam os olhos para dentro da van. Nos congestionamentos, o motorista ligava o pisca-alerta e avançava pela contramão, obrigando os carros, no sentido contrário, a desviar. Ninguém buzinava ou reclamava, o que fazia Vanessa se perguntar de onde era aquele veículo, o que estaria escrito na frente da van?

Em seis horas de viagem, pararam apenas uma vez. Chegaram a um posto de combustíveis por volta de 18h. Todos desembarcaram. Vanessa, Vladmir e Thor precisavam alcançar Lviv até as 20h, quando teria início, novamente, o toque de recolher. Um outro motorista, convocado por Larissa, os apanharia no local para a última etapa da jornada. "Tudo é parte de uma rede de apoio", pensou Vanessa, sem conseguir compreender o todo: pessoas que talvez só se conhecessem pela internet, mas que se ajudavam e prestavam apoio a conhecidos. "Não preciso entender", dizia a si mesma. "O negócio é não fazer perguntas". "Após tanto sofrimento, está dando certo". O casal estava mais distante do front do que quando o dia amanhecera.

Na última etapa da viagem, o carro era pequeno e antigo, e o motorista, um senhor bastante idoso. Vanessa viajou no banco traseiro, espremida entre uma mala e a porta, com Thor no colo. O marido, no carona, levava a outra mala aos pés. O cenário no caminho era sombrio: fazia frio e os campos de cultivo estavam desertos. Havia bloqueios militares, trincheiras, sacos de areia. Eles precisavam acelerar. A partir das 20h, quem estivesse nas ruas, seria considerado inimigo. De tempos em tempos, eles cruzavam por tanques de guerra e caminhões militares. "Pelo menos são dos nossos", tranquilizava-se Vanessa.

Matheus havia desacreditado. Agora, esperaria até, quem sabe, um cessar-fogo. Mas quando ocorreria? Haviam tentado todas as estratégias possíveis para fugir. De volta ao hotel, a angústia durou duas, três horas. Às 23h, um diplomata brasileiro em Kyiv telefonou. A embaixada, a exemplo de muitas representações estrangeiras, estava se deslocando para Lviv por razões de segurança. Às 7h, se quisessem viajar, eles deveriam estar prontos no hall do hotel.

Moreno e a ucraniana receberam informações segundo as quais seria muito perigosa a viagem: 15 horas de estrada a céu aberto. A qualquer momento, poderiam ser alvo dos russos. As tropas estavam cada vez mais próximas da capital.

— Minha mãe falou para eu não ir — disse a ucraniana. — Não vou.

À 1h da madrugada, faltando seis horas para a saída, Matheus chamou Moreno:

— Não estou aguentando. A gente pediu tanto por ajuda, e ela chegou. Nem que seja a última oportunidade, eu vou. Seja o que Deus quiser.

Na manhã seguinte, Matheus postou um vídeo no Instagram. A bandeira brasileira estava sobre o painel do carro da embaixada brasileira. "Nas mãos de Deus", escreveu.

David, Moreno e Karine também estavam a bordo.

Ao vivo, direto da Ucrânia

Chego à estação central de Lviv, na Ucrânia, carregando uma mochila com computador, cuecas, uma calça extra e duas camisetas. O resto ficou no porta-malas do carro em Przemyśl, Polônia. Nessa etapa da viagem, mais delicada, optei pela mobilidade. O caminho de três horas e 27 minutos de trem foi percorrido na maior parte do tempo na escuridão. A noite pouco permite que se enxergue algo através das janelas. Em alguns cruzamentos, era possível avistar homens com coletes reflexivos, usando lanternas para identificar motoristas dentro de veículos. Nesses locais, havia sacos de areia e algumas estruturas de ferro impedindo a passagem dos carros. O trem chega silencioso, sem o tradicional apito, à estação ucraniana.

Ao pisar na plataforma, observo um casal em um beijo apaixonado. No outro lado, pais abraçam os filhos. Amigos se reencontram. Busco sinais aparentes de guerra. Mas até o relógio da estação funciona. São 23h48min (18h48min em Brasília).

Ao descer as escadas, o túnel da estação está tomado por ucranianos espremidos à espera de um trem para a Polônia. Aguardam há vários dias. Como não entrar no trem depois de tamanho esforço? Como crianças e mulheres têm preferência? Sempre foi assim na guerra, mas tente explicar isso para uma esposa que deixa o marido na estação porque ele tem de lutar contra as tropas de Putin. Explique a um filho que deixa o pai para trás...

Policiais com os rostos cobertos observam possíveis suspeitos. Teme-se russos infiltrados na multidão. Um dos combatentes percebe um rapaz com o capuz cobrindo a cabeça. O jovem está encostado à parede, cambaleando de sono. O soldado, então, lança o facho de luz da lanterna em sua direção. O rapaz desperta, no susto. Dormia em pé.

Ao observar a cena, o desespero de quem tenta sair, tenho a real dimensão do drama humano que vive este país. E uma certeza: se eu também quiser deixar a Ucrânia, não será por aqui. Não será de trem.

Seguindo os passageiros que desembarcam, saio em um grande salão com paredes azuladas. O imenso e belo lustre central está apagado. Apenas as lâmpadas secundárias do recinto continuam acesas, o que confere ao local um aspecto lúgubre. Com milhares de pessoas deitadas ou sentadas no chão, lembro do horror em um hospital superlotado que visitei, em 2010, nos dias seguintes ao terremoto no

Haiti. Aqui, à direita, alguns ucranianos discutem e quase saem no soco, disputando a tomada de energia elétrica que já está sobrecarregada pelos cabos de vários celulares. Há centenas de viajantes acampados. A estação é uma combinação de campo de refugiados e bunker. Primeiro, porque este espaço é o lar de famílias sobre malas e mochilas. Segundo, porque, se houver um ataque lá fora, será aqui que a multidão irá se abrigar.

O ambiente está carregado: há cheiro de suor e de urina, misturados com comida fervente. O burburinho é cortado por vezes por latidos de cães e miados de gatos. Mesmo na pressa de fugir, os bichos de estimação não foram esquecidos. Há cachorros de diferentes tamanhos, alguns assustados com tanta gente ao redor. Chama atenção um grande husky siberiano na coleira, deitado ao lado de um homem.

Antes de buscar uma parede, provavelmente minha trincheira particular pelas próximas oito horas, peço água a uma voluntária.

— Guarde o copo — recomenda ela, ao encher o recipiente de plástico até quase transbordar.

O cuidado para manter intacto o copinho pelo tempo que permanecer na estação se deve à carência de materiais. Falta tudo: copos, comida, água, papel higiênico, fraldas, absorventes. Na sequência, a voluntária oferece:

— Tem comida, pode pegar.

Agradeço. Por ora, não tenho fome.

As grandes portas de madeira da estação estão abertas, mas o ar está saturado no salão principal. Ao lado, há outro recinto, com mais pessoas pelo chão esperando por trens.

Caminho pelo local, desviando delas e de suas bagagens. Há idosas usando muletas, senhores em cadeiras de rodas, mas o que mais atrai o meu olhar são as crianças. Vestindo jaquetas, toucas e luvas, em berços improvisados sobre mochilas, elas dormem. Por um minuto, sinto uma sensação ruim. Penso em acordá-las, sacudi-las para ter certeza de que estão apenas dormindo. Eu sei, é um pensamento, um pesadelo. Estou acordado. Mas não consigo imaginar outra coisa que não seja a possibilidade de estarem mortas. Não desvio o olhar.

Com a cidade sob toque de recolher a partir das 22h, Olena, meu contato em Lviv, não pode me buscar. Precisarei ficar até as 8h do dia seguinte na estação. Retorno ao salão principal com a imagem das crianças à mente.

Busco um canto onde pretendo me alojar. Não há tomada disponível para carregar o celular. Apenas quando falta tudo é que valorizamos as coisas simples: uma parede para me recostar passa a ser algo mais importante no mundo.

Encontro uma vaga próxima à saída da estação. Volto a pensar que esta será a minha trincheira nesta guerra. Sei, é meu estratagema mental para considerar, ao menos por algumas horas, aquele local o meu porto seguro. Meu metro quadrado de porto seguro. É daqui que transmito as primeiras impressões de dentro da Ucrânia para o Brasil.

Em uma das entradas ao vivo, o jornalista Gabriel Jacobsen, da Rádio Gaúcha, me pergunta qual o nível de segurança na estação.

— Não há local seguro na Ucrânia. Mas imagino que uma estação de trem por onde passam 50 mil civis por dia não seria um alvo para Putin — respondo.

Eu estava errado. Naquele mesmo dia, 2 de março, uma estação de trem de Kyiv foi alcançada por destroços de um míssil de longo alcance russo interceptado pelos ucranianos. Os artefatos atingiram o prédio, usado como abrigo por mulheres e crianças. Seis dias depois, em 8 de março, a estação de trem de Kramatorsk, na região de Donetsk, também seria atacada: 50 mortos, entre eles, cinco crianças. Mais de 90 pessoas foram feridas. Eram ucranianos como estes aqui, de Lviv, que esperam pelos trens para fugir da guerra. O míssil tinha a inscrição "por nossos filhos", o que pode ser uma vingança pela guerra de 2014. A suspeita recai sobre separatistas russos. O Kremlin negou a intenção de atacar a estação, mas, dias depois, em 16 de março, outro prédio como esse seria atacado: agora, a estação de Zaporizhia. Os bombardeios a alvos civis se tornariam frequentes.

Foram pelo menos três horas de transmissão ao vivo, praticamente ininterrupta. Eu me sinto cansado. A produtora Cris Lopes, em Porto Alegre, me pergunta se quero continuar reportando ou se preciso de uma pausa para recuperar energias.

— Quer a nossa companhia? — brinca Cris.

É meu primeiro dia na Ucrânia. O descanso, penso, vai ficar para a volta.

— Vou continuar, assim não me sinto tão sozinho — digo.

A conexão com os colegas e ouvintes é mais uma das estratégias para me sentir perto de casa, ainda que distante.

Horas depois, percebo que a bateria do celular está acabando. Por volta das 3h da madrugada (22h em Brasília), sou forçado a parar. Preciso de ao menos 10% de energia no aparelho para quando o dia amanhecer, e Olena vir me buscar. Aviso família e editores de que ficarei, por um tempo, em silêncio. Desligo o celular e o notebook. Coloco a mochila entre as costas e a parede, em um último esforço para reduzir o desconforto e amenizar as dores na coluna. Fecho os olhos, mas não durmo.

A partir de agora, o risco é a mente divagar. Estou apenas nas primeiras horas de uma nova jornada: qualquer barulho estranho vindo do exterior do prédio desperta minha atenção. Para uma mente atormentada, a simples limpeza de um contêiner, que acidentalmente bate em outro, lá fora, assemelha-se ao eco de uma explosão distante.

Uma senhora não consegue sair do prédio e enfrentar o frio para chegar aos banheiros químicos. Tem dificuldades para caminhar. Faz 1°C negativo às 4h. Sob o olhar de muitos, ela urina ali mesmo, no saguão, na minha frente. Outra mulher, Varvara, evacuada de Bakhmut, tenta manter um cão preto impaciente por perto. Ele late muito diante de tanta gente.

— À noite, a cidade parecia quieta. Pela manhã, começavam os ataques. Tentei ficar na minha casa até o último momento. Meu marido ficou. Eu não queria sair. Mas era apavorante — diz a mulher.

Quando o barulho seco das explosões começava, os dois se refugiavam no porão da casa:

— Era pequeno, e tudo podia colapsar. Se isso acontecesse, eu ficaria enterrada lá.

Converso com as pessoas que se aproximam da minha "trincheira". Diante delas, levanto, uma oportunidade também para esticar as pernas e me livrar, por alguns instantes, do chão frio. Não me desloco mais do que um metro para não perder o lugar próximo à parede, para onde volto de tempos em tempos.

Um homem acaricia um cão de pequeno porte. Uma menina envolve o gato no moletom, a ponto de deixar apenas a cabeça do bicho à mostra. O filho de um senhor sai para buscar comida. Deixa o pai ao meu lado, com um cobertor. Vinte minutos depois, ele volta, mas não consegue se aproximar porque a multidão formou uma barreira entre ele e o pai. Pede licença, mas ninguém permite passagem. Encostado na parede, observo o incômodo do jovem. Ele empurra um, empurra outro e consegue, por fim, se aproximar. Sacode o pai, coberto da cabeça aos pés. O idoso se assusta, acorda. É hora de tentar partir. Há um trem.

Um casal, ele programador, ela psicóloga, conta que deixou Kyiv porque os bombardeios estavam insuportáveis. Ele parou de trabalhar no primeiro dia dos ataques. Ela prosseguiu com as consultas, auxiliando pacientes a lidarem com os traumas.

— Decidimos vir para Lviv até que a guerra termine. Estamos aqui para receber amigos que estão vindo — diz ele.

— Eu queria dizer muita coisa, mas... sinto tristeza. Trabalho como psicóloga no hospital. Vi a dor das pessoas. Estou apavorada, mas trabalho tentando acalmá-las. Falo sobre resistir — conta ela.

Hanna, retirada de Popasna, diz que destruíram todas as casas de seu bairro. Não sobrou nada. Ela mostra a foto de um amontoado de destroços.

— Esta era a nossa casa. Terrível. É a segunda vez que foi destruída — aponta.

— Os bombardeios ocorrem desde 2014, só que não tinham atingido a nossa cidade até então. Apenas por perto. Em 2014, as janelas de casa explodiram duas vezes, nós consertamos — ela explica.

São 5h. A essa altura, a estação está muito suja. São restos de sopa nos pratos de plástico, sobras de doces e muito lixo. Um odor toma conta do ar. A psicóloga busca um sanduíche para o marido e lembra de trazer um para mim. Mas, devido ao cheiro ruim no ambiente, preferimos enfrentar o frio e a neve do lado de fora.

Poupada até agora das explosões, a cidade conecta trilhos que ligam um país prestes a deixar de existir: passageiros chegam do inferno de Kyiv, Kharkiv, Mariupol, Popasna, Bakhmut e Zaporizhia. Caem no limbo de Lviv, sem a garantia de que chegarão ao paraíso da Polônia.

O espírito Maidan

São 6h43min. Lviv amanhece sob neve. Na praça em frente à estação central, jovens, adultos e idosos se reúnem em torno de fogueiras dentro de latões de metal. O laranja do fogo contrasta com a cor do chão, e compõe o cenário de uma grande esplanada branca cravejada por chamas.

— Glória à Ucrânia — grita um grupo à direita.

— Glória aos heróis — responde outro, à esquerda.

Impossível não se lembrar do movimento Euromaidan, quando os manifestantes transformaram a Praça da Independência (Maidan), em Kyiv, em uma gigantesca trincheira contra a truculência do governo Viktor Yanukovych, o presidente que, seguindo a cartilha Putin, colocou policiais nas ruas para matar a própria população.

Próximo ao terminal de ônibus, outro grupo ensaia o hino ucraniano: "A Ucrânia não pereceu, nem sua glória e a sua liberdade". Caminho ao redor, sentindo o corpo dolorido por ter ficado recostado à parede e sentado sobre o piso frio da estação boa parte da madrugada. A neve vai derretendo com os primeiros raios de sol, e tudo vai ficando um pouco enlameado. O vento frio enrijece o rosto. Ninguém arreda o pé.

A maioria está aqui porque espera um trem para a Polônia. A guerra, que costuma despertar o pior e o melhor do ser humano, nesta parte da Ucrânia exibe uma face solidária. Centenas de voluntários se alternam em barracas brancas que se mimetizam com a paisagem. Em uma delas, jovens retiram de um panelão conchas de borsh, o sopão de cor avermelhada, preparado com carne, beterraba, repolho e tomate. Em outra, a Cruz Vermelha local faz pequenos curativos e presta socorro a quem tem algum ferimento. Há até uma barraca com energia elétrica disponível para quem precisa carregar o celular.

Não são apenas os gritos de guerra, o hino, a resistência. Também o espírito de cooperação lembra 2004 e 2013, anos marcantes da história recente da Ucrânia. No primeiro, a população tomou as ruas para protestar contra a fraude nas eleições, que haviam dado a vitória a Yanukovych, político próximo à Rússia. Por meio de um levante, conhecido como Revolução Laranja, em alusão às cores do partido do opositor Viktor Yushchenko, pró-Ocidente, os manifestantes pediam o fim da corrupção e a realização de eleições limpas e transparentes. O novo pleito consagrou Yushchenko, e a Ucrânia iniciou um caminho de aproximação com o Ocidente.

Yanukovych conseguiu chegar, finalmente, ao poder, eleito em 2010, com o apoio de grande parte do leste do país. Como já estava em seus planos, deu um passo atrás na marcha ucraniana rumo ao Oeste. Em 21 de novembro de 2013, ele anunciou que não assinaria o acordo de parceria com a União Europeia. Três dias depois, a população passou a se reunir na Praça Maidan para protestar. Primeiro, eram algumas centenas. Depois, milhares. Em seguida, dezenas de milhares.

A polícia tentou dispersar os manifestantes com violência, o que retroalimentou o vigor dos revoltosos. Mais de cem pessoas morreram no centro da metrópole em 90 dias de revolução. Yanukovych foi derrotado e cassado pelo parlamento. Apoiado por Putin, fugiu para Moscou.

A insurreição em Maidan refundou a Ucrânia, que agora resiste. O espírito é o mesmo: lutar contra aqueles que querem fazer os ucranianos voltarem aos padrões soviéticos, agora travestidos de uma nova Rússia sob Putin.

Entre as muitas narrativas mentirosas divulgadas pelo Kremlin, uma das que mais revoltam os ucranianos é a que defende que a Ucrânia é uma invenção artificial da União Soviética, desprovida de identidade nacional. É verdade que o território já pertenceu ao Império Russo e, depois, entre 1922 e 1991, ao experimento soviético, mas a região também já foi da Polônia e do Império Austro-Húngaro. Desde 1991, a Ucrânia é um país soberano, com língua e culturas próprias. Esse mesmo sentimento que incomoda o Kremlin é também o que mantém, hoje, Davi em pé diante de Golias. A geração de ucranianos que agora resiste às tropas russas estava em Maidan, é filha da Revolução Laranja ou se inspira nela.

Antes de encontrar minha fonte, Olena, observo uma criança brincar com uma flauta. O sopro sai fraco e mal produz som. Há o barulho de bombonas com lixo transportadas em carrinhos por funcionários da prefeitura, ruído dos motores dos ônibus que partem com refugiados e o de uma máquina a carvão usada para aquecer água. Penso que não é de hoje que a arte tenta encorajar o povo ucraniano diante da guerra. A própria Lviv respira cultura, mesmo ameaçada.

Nunca antes eu havia sentido ou experimentado tanta solidariedade, camaradagem e este espírito de liberdade. Observando aquele esforço de resistência, entendo o que querem os ucranianos, pergunta que tanto me fazem, ao vivo, na rádio, ou nos bastidores, desde o início da cobertura. Os ucranianos não negam seus vínculos históricos, culturais e linguísticos com a Rússia, mas caminham, há três décadas, afastando-se desse legado. A maioria quer o país perto do Ocidente. Alguns poucos desejam a aproximação com a Rússia. Mas praticamente todos querem ser Ucrânia.

Na Revolução Laranja, essa era uma luta contra a corrupção. Na Maidan, contra um governante que queria transformar a Ucrânia em fantoche da Rússia. Agora, o sangue é derramado pela liberdade. No fundo, 2004, 2013 e 2022 são sobre o direito de existir.

Viver pela Ucrânia

Alexander Nosachenko, 44 anos, casado e pai de dois filhos, era, até 23 de fevereiro de 2022, diretor de uma empresa multinacional. Morava em Kyiv, onde gerenciava as operações da companhia, na qual trabalhava desde 2001. Foi galgando postos até 2006, quando se tornou gerente e, em 2009, diretor.

Alex, como é chamado pelos amigos, era responsável pelas operações na Ucrânia. Fala russo e inglês, além de ucraniano. Nunca foi militar. Quando a Ucrânia conquistou a independência da antiga União Soviética, o serviço militar era obrigatório por um ano, mas ele não se alistou. Não acreditava que aprenderia alguma coisa sobre como proteger seu país, porque não confiava na máquina militar ucraniana. Sentia-se cidadão do mundo, não um homem da Ucrânia.

Por todos esses anos, trabalhou e viajou pelo mundo. Voou muito, esteve no Canadá e conheceu praticamente toda a Europa. Viajava a negócios. Queria conhecer novos lugares, culturas e, provavelmente por isso, nunca se identificou como um patriota.

Alex percebia que não estava ligado a algum país específico. Por um tempo, mudou-se para outra nação, onde gostou de morar: economia forte, com boa reputação em direitos humanos. Porém, apesar de gostar de seu trabalho, ele não se identificava como um típico homem de escritório. Sempre teve boa condição física. Praticava diferentes esportes: tênis, natação, corrida.

A revolução na Ucrânia, entre 2013 e 2014, foi um momento de mudança. Foi quando, em suas palavras, o então presidente Viktor Yanukovych "entregou o país à Rússia", ao rejeitar os protocolos para que o país ingressasse na União Europeia. Aquele momento, para Alex, foi um desastre.

Percebi que não importava o quanto eu nadasse, o quanto corresse, aquele fato político me deixava absolutamente vulnerável. Qualquer pessoa poderia ir à minha casa com um fuzil. Eu não podia proteger minha mulher e meus filhos. Aquele foi o momento da verdade. A Ucrânia estava completamente destruída a partir dali — me contou.

Alex e eu trocamos mensagens nos dias em que eu estava em seu país. Ele estava disposto a contar sua história.

O executivo descreveu que, com o passar dos anos, os investidores deixaram a Ucrânia. Sua família, a mulher e os filhos, estariam, na visão de Alex, desprotegidos. Independentemente de sua boa condição física, ele não poderia fazer nada. Ainda assim, decidiu manter as operações da companhia, apesar do conflito interno — da Ucrânia e seu, em particular.

Certo dia, sentado em casa, refletiu: não sabia o que ia acontecer com o país. "Se andasse pelas ruas, poderiam matá-lo", pensou. Era assim com qualquer um que se opusesse, publicamente, à Rússia. O ano de 2014 fora muito difícil para o empresário, emocionalmente falando.

Depois que tudo voltou ao mais próximo possível do normal, não havia mais sangue nas ruas. Um novo governo havia sido eleito. Mas as marcas de 2014 permaneciam. Havia feridas. Alex reavaliou sua relação com o trabalho: o que fazia, como fazia e por que o fazia. Havia praticado muitos esportes, mas nada era suficiente para proteger sua família e seus amigos", pensava.

Em 2015, ele começou a treinar um estilo de luta de combate russa. Ao mesmo tempo, passou a aprender a atirar. Nunca havia feito algo do tipo.

— Pensei que, se dias decisivos viessem de novo, eu estaria preparado para proteger minha família, meus amigos, a mim e a meu país — disse.

Muitos ucranianos aprenderam a atirar naquele momento. Em dezembro de 2021, Alex encontrou-se com um amigo que havia começado a trabalhar para o governo. Ele havia recebido informações de que a Rússia estaria planejando a invasão. O plano estava pronto, segundo esse homem: o ataque seria deflagrado a partir de diferentes locais, exatamente como ocorreria em 24 de fevereiro do ano seguinte.

A família de Alex estava em férias. Quando percebeu que a guerra se aproximava, ele visitou a mulher e os filhos no exterior. Passou uma semana fora da Ucrânia. Foi sua despedida.

Os dias seguintes seriam inesquecíveis. Ele precisava estar em Kyev e defender a cidade. Sua esposa disse:

— Isso é impossível, temos coisas a fazer, as crianças têm de ir para a escola.

Alex estava determinado.

— Tudo que fomos um dia acabou: a cidade, o país. Os russos invadirão a Ucrânia, vão matar pessoas, tirar nossa liberdade, nosso dinheiro, o direito das mulheres. Eles vão nos destruir, e, mais importante, vão destruir todo o nosso futuro — respondeu.

"A Ucrânia é livre", pensou. Foi uma decisão difícil. Mas sentia-se preparado.

— Não estou aqui para morrer, mas para viver. Estou preparado para dar a minha vida pelo futuro deste país. Mas estou fazendo isto também pelos meus filhos e pela minha esposa — afirmou.

Alex me contou sua história pelo Telegram no início de março, dias depois do início da invasão. Por questões de segurança, não o identifiquei naquela ocasião, na reportagem que escrevi para Zero Hora. Tampouco, obviamente, apontei sua localização, algo que pudesse colocá-lo em perigo.

Dias depois, voltamos a trocar mensagens. Em novo contato, o executivo aceitou que seu nome fosse publicado e seu rosto, mostrado. Além de dar detalhes sobre suas funções como homem de negócios, Alex enviou uma série de vídeos e fotos de sua nova atividade. Era agora um dos defensores civis de Kyev.

Alex era CEO da Colliers International na Ucrânia, empresa de gestão de investimentos com 482 escritórios em 62 países e mais de 17 mil empregados. Conforme o site da companhia, a empresa conta com receitas anuais de US$ 4,1 bilhões e mais de US$ 50 bilhões de ativos.

Antes de se tornar o principal executivo da empresa na Ucrânia, Alex atuou entre 2005 e 2006 como diretor do Departamento de Escritórios e Propriedade Industrial da companhia. Entre 2001 e 2006, foi consultor. O executivo é graduado em Economia. Estudou entre 1993 e 1998 na Kyiv National Economic University. Sobre mostrar seu rosto, apesar dos riscos de ser caçado pelas forças russas, ele afirmou:

— Se não tenho medo de morrer, por que esconder meu rosto? Se mostrá-lo, as pessoas irão perceber que sou real. Isso fará perceberem o que exatamente está ocorrendo em Kyiv.

Ele também deu detalhes de suas missões como combatente:

— Faço parte de um grupo de *snipers* (atiradores de elite). Estamos preparando nossa posição em Kyiv. Parte do nosso grupo deslocou-se para executar algumas tarefas atrás das linhas inimigas: enviam coordenadas por GPS para a artilharia, que ataca os tanques deles (dos russos) e seus veículos blindados. Dentro da cidade, temos também um grupo diferente, ajudando a realocar pessoas, a evacuá-las, a enviá-las para fora de Kyiv.

Alex integrava um grupo de cerca de 50 atiradores de elite, sendo, segundo ele, 99% formado por civis. Em um dos vídeos, aparecia no terraço de um edifício.

— Esta aqui é a minha tarefa agora, com meus companheiros. Este é o nosso posto hoje, das 8h às 19h. É um prédio de meia altura, faz frio. Mas estamos com roupas apropriadas, como estas (mostrou um par de luvas), e temos café e chocolate. E estes são meus amigos — disse, ao apontar a câmera para um grupo de pombas a seu lado.

Em outro vídeo, Alex mostrava sua posição em cima de um viaduto em um vilarejo a 15 quilômetros de Kyiv. Era noite.

Não importa o que os russos façam ao redor de Kyiv, as tropas deles serão destruídas. Acho que é uma situação muito difícil para eles porque começaram isto e agora está claro que devem partir. Simplesmente, vão perder esta guerra. Sem dúvidas. O mundo inteiro está nos ajudando. A Europa está impondo severa pressão econômica. Nas próximas semanas, todas as pessoas na Rússia vão perceber que a economia deles está completamente quebrada. EUA e Europa começaram a nos apoiar com equipamentos de defesa. Este é um problema para os russos, porque temos homens ucranianos prontos para lutar. Tudo o que precisamos é de equipamentos, armas e munição, incluindo equipamentos antitanque. Espero que possam nos apoiar com aviões. A máquina de guerra russa é *fake*, é um mito. Eles vieram com seus tanques e a tripulação de cada um é constituída por apenas duas pessoas. Isso é ridículo. É *fake* — definiu.

Morrer pela Ucrânia

Desde que cheguei ao Leste Europeu, percebi o desembarque de estrangeiros dispostos a ingressar na Ucrânia para cerrar fileiras contra a invasão. No aeroporto de Varsóvia, enquanto acertava a locação do carro para seguir para a fronteira, conversei com um espanhol. Magro, vestindo camiseta preta e calça camuflada estilo militar, o rapaz, na faixa dos 30 anos, estava agitado. Ele tentaria entrar na Ucrânia de ônibus pelo posto de Medyka. Do outro lado da fronteira, um contato o esperaria. No caminho para Kyiv, alguns voluntários recebiam treinamento militar. Não era o caso do espanhol, que, segundo contou, tinha experiência em combate. A conversa foi rápida, e ele não estava disposto a falar muito.

A jornada daquele homem assemelhava-se a de milhares de voluntários que fizeram o caminho inverso ao de muitos ucranianos. Enquanto muitas pessoas fugiam, eles entravam na guerra. Estrangeiros vindos de diversas partes da Europa e do continente americano ingressaram na Ucrânia desde 24 de fevereiro para lutar por uma pátria que não é a deles. Inclusive muitos brasileiros.

Ao longo da cobertura, fico sabendo que André Hack Bahi, 43 anos, gaúcho de Porto Alegre, criado em Eldorado do Sul, próximo à capital do Rio Grande do Sul, estava desde 28 de fevereiro na Ucrânia, atuando nas forças especiais em Kyiv, sob bombas.

André era graduado em Enfermagem. Serviu ao Exército Brasileiro. Mas foi na capital cearense, Fortaleza, que obteve experiência em zonas conflagradas, tendo trabalhado na escolta armada de carros-fortes em áreas de atuação do tráfico de drogas. Na cidade, deixou uma filha de dois anos, Álexyà. No Estado natal, tinha outros dois filhos: Leonardo,14 anos, e Manuelle, oito.

De uns anos para cá, André havia morado em Lisboa, Portugal, onde, até a guerra, trabalhava com aplicativo de entrega de alimentos. Também já havia atuado na Legião Estrangeira da França, onde adquiriu experiência em combate. Comovido pelo apelo do presidente ucraniano, Volodymyr Zelensky, que buscava soldados de fora da Ucrânia para defender o país, André decidiu ajudar.

— Vou até o fim para ajudar o povo ucraniano, nem que isso custe minha vida — me disse, por mensagem de celular. — Estava em Portugal quando li na internet uma reportagem na qual o presidente Zelensky pedia ajuda e dizia que iria abrir uma legião estrangeira. No outro dia, fui para embaixada da Ucrânia. Lá, falaram sobre os procedimentos. Fui comprar uma passagem para a Polônia. Chegando a Varsóvia, me mandaram para um hotel até o outro dia, quando me buscaram e me levaram até a fronteira. Fui muito bem tratado pelo povo, que me agradecia por ajudar o povo ucraniano.

Poucos dias antes de mim, André chegou à fronteira. A situação já era de guerra. Ele foi deixado em um ônibus:

— Eu era voluntário para ajudar a Ucrânia, e, como no ônibus todos eram ucranianos, me trataram com muita alegria. Eu me sentia um herói, mas, por dentro, sabia que poderia morrer.

Mesmo assim, André estava determinado: não iria desistir. O ônibus cruzou a fronteira. Do outro lado, já tinham seu nome em uma lista. Ele e os outros voluntários foram deixados em um posto de gasolina até o dia seguinte.

Chegando à base de recrutamento, oficiais ucranianos começaram a separar os novatos de pessoas com experiência em combate. André e outros brasileiros se destacaram porque haviam atuado nas Forças Armadas. Depois de alguns dias, foram mandados para as forças especiais, na linha de frente. As batalhas não tardaram.

— O combate é tenso, muito tiro. Os russos têm blindados e armamentos, mas somos bem preparados. Enquanto nossas baixas são de seis, as deles são de 30. Estão toda hora bombardeando. Passamos 22 horas em combate, com bombas caindo a cerca de 500 metros ou menos de onde estávamos. Eu e meus colegas levamos rajadas de metralhadoras.

Um colega disparou contra o blindado de um lado, e eu atirei de outro. Assim, eliminamos alguns — contou-me.

André se habituou a postar imagens da guerra em seu perfil no Instagram. O gesto não era bem-visto por muitos ucranianos, que entendiam que isso poderia ajudar os russos a identificá-los e a caçá-los. André nunca publicava a localização das tropas.

— Os jornais querem mídia, baseiam-se no que o povo fala. Já inventaram que fomos capturados e mortos. Estão toda hora nos chamando de assassinos. Mas não viemos para matar, e, sim, para tentar trazer a paz. Não somos nós que estamos bombardeando e matando civis, crianças etc — disse.

Durante nossas conversas, André me falou sobre sua filha caçula com muita emoção. No dia em que tiros passaram muito perto de seu colete e quando ficou próximo ao blindado russo, ele, imediatamente, pensou nela. Iniciou, então, no meio do combate, uma chamada de vídeo com a filha. No dia em que conversamos, ele me mostrou as fotografias das três crianças, em chaveiros presos a seu colete à prova de balas.

— Não me arrependo em nenhum momento de estar aqui e vou até o fim para ajudar o povo ucraniano, nem que isso custe minha vida — acrescentou.

Em um dos combates, quase morreu. Seu grupo ficou no meio de um bombardeio por mais de uma hora:

— O combate é como um filme. Na verdade, é igual. Só que sentimos na pele que, a qualquer momento, podemos morrer. Eu estava dentro de um buraco de morteiro. Dois colegas meus estavam do outro lado. Um não estava protegido.

Nossa tropa neutralizou três blindados. O primeiro veio em nossa direção. O que nos deu vantagem foi que eles (os russos) não nos viram. Isso nos deu o elemento surpresa. Meu colega, que estava do outro lado, neutralizou um dos soldados. Logo, fizemos o mesmo com os outros, que estavam em cima do blindado, dando proteção para o colega que estava descoberto. Logo depois, fomos para dentro da mata. Os blindados começaram a abrir fogo para todo lado. Eu estava em uma árvore, quando recebi uma rajada. E outra veio pelo lado direito. Olhei para os lados para ver se meus colegas estavam vivos. E todos estavam ali. Acho que éramos cinco, de um pelotão de 50. Os russos tinham drones, o que facilitava, para eles, a nossa localização.

Depois de ajudar a defender Kyiv, André participou de missões no front Leste, onde ficam as áreas separatistas. Em 4 de junho, três meses depois de meu retorno ao Brasil, ele estava em Severodonetsk, cidade estratégica na região de Luhansk, uma das cobiçadas por Vladimir Putin no Donbass. André combatia ao lado de dois portugueses, também voluntários. Era um grupo grande, dividido em dois: cada parte atuando em um prédio. Um dos portugueses viu quando o outro edifício foi bombardeado. No ataque, morreu um comandante ucraniano. Duas outras pessoas ficaram feridas. André correu para socorrer um dos rapazes, que não conseguia andar. Ele o levou para um local seguro. No outro dia, eles ficaram protegendo o prédio. Havia muitos bombardeios e tiroteios do lado de fora. André e os demais receberam ordens para cada um ficar em um ponto. André saiu correndo em meio a fogo pesado. Foram muitos tiros em sua direção.

A família de André, em Porto Alegre, começou a desconfiar de que algo trágico havia ocorrido no domingo, 5 de junho. Fazia cinco dias que não se falavam. Voluntários brasileiros na Ucrânia começaram a postar, em redes sociais, mensagens com homenagens ao brasileiro.

Alguns enviaram até condolências à família:

— Sinto muito pela sua perda. Se posso dizer alguma coisa para ajudar a te confortar é que ele morreu como um herói, assim como muitos de nossos amigos que combateram lá — disse um voluntário, que conhecia André.

Sem informações, um amigo da família me procurou. Avisei uma fonte do Itamaraty em Kyiv e coloquei Letícia, irmã de André, em contato com a embaixada brasileira, que, até aquele momento, desconhecia a situação.

— Tudo pode não passar de mentiras — disse-me Letícia. — A gente sabia que, quando ele estava em missão, poderia demorar a responder.

A angústia durou outros quatro dias. Em 9 de junho, em mensagem de áudio, um militar, que se identificou como comandante do pelotão ao qual André pertencia na Ucrânia, contou detalhes da última batalha.

— A notícia que tenho é oficial: estamos bem sentidos, já nos reunimos, já choramos, já nos abraçamos. Falei com gente que estava diretamente com ele (André) no momento em que aconteceu. Não foi só ele. Foram outros alvejados, teve gente ferida, um dos meus homens está no hospital, bastante machucado, e já passou por cirurgia. Outro, teve a perna explodida — contou.

André estava morto. O comandante afirmou ter conversado com o soldado que, após o tiroteio, teria arrastado o corpo do brasileiro até o ponto de evacuação.

— O corpo está em um necrotério pela região. Não sei onde fica e qual o procedimento: se tentam encaminhar para a família, se vão enterrar, se vão cremar. É com dor no coração que digo que tenho essa informação — afirmou o militar.

Ele descreveu a batalha em que André morreu como "muito trágica":

— Estou sem comunicação com dois dos homens que estão no hospital. A situação foi muito trágica. Foi um combate no qual ele foi alvejado, em uma posição onde outros foram também feridos. Infelizmente, foi isso o que ocorreu. Ele não está detido, não está refém.

Horas depois, ainda em 9 de junho, o Itamaraty confirmou a morte. André foi o primeiro brasileiro a falecer na guerra da Ucrânia.

Mariupol, a Dresden do século XXI

Em guerras, algumas cidades costumam se tornar símbolo de devastação e sucumbem: Dresden, Varsóvia, Stalingrado, Sarajevo, Fallujah, Aleppo... Mariupol, no sul da Ucrânia, ingressou nessa galeria da desgraça.

Algumas das imagens mais dramáticas do conflito vêm de lá. Desde o início do cerco, em 28 de fevereiro, não houve um dia em que Mariupol tenha sido poupada.

Os civis que ainda estavam na cidade até junho sofriam dificuldades para deixar o local, porque tropas russas interceptavam qualquer saída. Com isso, a população não tinha acesso a comida, água e eletricidade. Foi também em Mariupol que uma maternidade e um hospital infantil foram bombardeados. Certo dia, uma mulher grávida foi fotografada sendo carregada por voluntários em uma maca, com as mãos abaixo do ventre. Ela apresentava sangramento nos membros inferiores e ferimentos no rosto. Agora, sabe-se que morreu. Teve a pélvis esmagada e o quadril descolado. O bebê foi retirado graças a uma cesariana, mas também não sobreviveu.

Por que Mariupol padece sob a ira de Vladimir Putin? Com 450 mil habitantes, a cidade é estratégica: fica a 55 quilômetros da fronteira com a Rússia e a 85 quilômetros do reduto separatista de Donetsk. Além disso, é um grande polo industrial — por seu porto, no Mar de Azov, passam exportações de cereais e aço. Ao conquistar Mariupol, Putin abriu um corredor terrestre entre a Rússia e a Crimeia, território ocupado em 2014.

Um dos cenários dos horrores de Mairupol foi o outrora lindo teatro da cidade. O bombardeio foi em 16 de março, mas o drama começara 11 dias antes. Iludidos de que os russos teriam aceitado um cessar-fogo para a retirada de moradores, reféns em suas próprias casas, os civis reuniram-se em pontos específicos até a fuga. Quem morava na área central foi até o teatro.

Com o passar das horas, o local foi ficando cheio. Os banheiros começaram a entupir, não havia comida para todo mundo e fazia frio — muitos que deixaram suas casas às pressas não levaram roupas suficientes nem para as crianças. As poltronas da plateia foram convertidas em camas. Mulheres e crianças foram autorizadas a ficar em corredores estreitos, que pareciam mais seguros por estarem afastados das janelas.

Com o ar insuportável, as pessoas começaram a buscar abrigos mais próximos das saídas. Como essas áreas costumam ser mais vulneráveis em caso de explosões, alguém teve a ideia de escrever, do lado de fora do teatro, no chão, com tinta branca, a palavra "criança". A inscrição poderia ser vista do céu, no caso de algum piloto não avisado sobrevoar o local.

Não adiantou. Em 16 de março, uma explosão atingiu o entorno. Ninguém sabe ao certo quantas pessoas morreram. A prefeitura estimou em 300.

Não era necessário esperar confirmação para caracterizar o ato como um dos mais graves do conflito, aqueles horripilantes episódios a se juntar a My Lai, Srebrenica, Kunduz e Duma. Na ordem, a morte de inocentes na Guerra do Vietnã por militares americanos; o genocídio na Guerra da Bósnia pelas mãos de soldados sérvios; o hospital da organização Médicos Sem Fronteiras (MSF), alvo de bombardeio americano no Afeganistão; e o vilarejo nos arredores de Damasco, vítima de armas químicas utilizadas pelo ditador sírio, Bashar al-Assad. 1968, 1995, 2015 e 2018, anos inscritos com sangue na história recente.

A cidade das estátuas embrulhadas

Em 24 de fevereiro, Lviv, metrópole de 700 mil habitantes que já foi polonesa (Lwów) e austro-húngara (Lemberg), com uma rica história de mais de 750 anos, viu ecoar, pela primeira vez desde a II Guerra Mundial, o som das sirenes antiaéreas. Na noite seguinte, a partir das 23h, todas as luzes das ruas e das residências foram apagadas.

É possível ver o medo nos rostos de muitas pessoas nas filas dos caixas eletrônicos ou em frente aos serviços de doação de sangue. Lviv é a cidade mais distante para a qual os evacuados ucranianos podem escapar dos campos de batalha no Leste e ainda permanecer em seu país. Centenas de milhares de ucranianos passam por aqui, muitos cruzando para a Polônia, a cerca de 80 quilômetros de distância. Entre os que não conseguiram chegar até a fronteira estão cerca de 200 mil. Praticamente todos precisam de comida e moradia.

O prefeito Andriy Sadovyi diz que a cidade está atingindo o limite de sua capacidade. Aproximadamente 440 instalações culturais e educacionais estão sendo usadas para abrigar pessoas deslocadas, juntamente com 85 edifícios religiosos.

Ao mesmo tempo, em galerias, museus e igrejas de Lviv, está em curso uma grande operação para proteger o patrimônio cultural. Milhares de obras de arte e artefatos foram cuidadosamente removidos e levados para locais subterrâneos e secretos, porões que funcionam como depósitos.

Lviv é, ainda, uma cidade recheada de estátuas de deuses e deusas gregas que começam a ser cobertas, como se fossem múmias. Muitas foram revestidas com lonas e tecidos resistentes a incêndios. De Netuno, que domina, junto com outras três esculturas inspiradas na mitologia grega, a Praça do Mercado, apenas o tridente permanece visível. Painéis de proteção foram posicionados na Basílica da Assunção, construída no fim do século XIV. Em um lado do templo, uma imponente escultura que representa o Santo Sepulcro está envolta em telas.

Não há o que fazer no caso de um impacto direto dos mísseis, mas, ao menos, é possível proteger algumas relíquias de danos leves: um incêndio, uma onda de choque ou de pequenos fragmentos.

Operações para embrulhar estátuas, selar vitrais e esconder artefatos sagrados são complexas, mas fundamentais: Lviv aprendeu com o que houve em outras cidades ucranianas. Em Kharkiv, castigada desde o início pela aviação russa, os vitrais e a nave da Catedral da Assunção foram danificados pelos bombardeios.

Sob ameaça de uma invasão pelo norte, os moradores de Lviv tentam levar adiante suas rotinas, com os serviços essenciais funcionando em sua maior parte. O ar de normalidade, entretanto, é quebrado por tropas patrulhando as ruas, pela imagem de prédios com barricadas na entrada e o som agonizante das sirenes antiaéreas. Essas ecoam pelo céu cinzento de Lviv, em média, duas vezes por noite. A capital, Kyiv, Kherson, no leste do país, e Mariupol, no sul, estão sob fogo cerrado há dias. Lviv aguarda a sua vez, preparando-se para o pior.

Chego ao centro da cidade, após deixar a estação. O encontro com Olena ocorrera conforme o combinado. Por volta de 9h (4h em Brasília), ela estava no largo central com um cartaz produzido em cartolina amarela e com a inscrição: "Brasil". A ucraniana e o marido me conduziram em seu carro até a região histórica. Deixaram-me próximo à famosa Ópera Nacional. Após ajudar por vários dias brasileiros que desejavam deixar o país, ela agora pretende se proteger junto à família, fora da área urbana. Mudo a estratégia — agradeço a gentileza do amigo que ela arrumara para me hospedar nesses dias e arrumo um hotel na cidade.

Caminhar pelo centro histórico de Lviv é estar cercado pelas influências capturadas em tijolos, pedras e gesso de culturas que se cruzam e de impérios que ascenderam e desmoronaram. O desenho de ruas e praças é muito parecido com o que teria sido nos tempos medievais. Essa preservação torna o centro histórico de Lviv patrimônio mundial da Unesco.

A Rua Staroyevreiska, no centro histórico, é símbolo dessa contradição: uma cidade que pode ser atacada a qualquer momento, mas que tenta disfarçar, como se estivesse em uma rotina pré-guerra. No Café Lviv Croissants, um grupo de jovens sorve taças de cappuccino, enquanto conversa sobre o conflito. A aproximação tem sido difícil. Alguns temem agentes russos infiltrados entre a população.

Não é incomum a conversa começar ao vivo e terminar em algum aplicativo de troca de mensagens pela internet. O Telegram é o mais utilizado. Sob olhos vigilantes dos interlocutores, me aproximo de uma mesa. Apesar de alguma resistência, aceitam falar. São jovens cosmopolitas e conectados com o modo de vida ocidental. Desejam retomar suas vidas o mais rapidamente possível depois da guerra. Um deles estuda Medicina e lamenta a dificuldade para completar o currículo diante das frequentes interrupções devido ao conflito.

— Não há como continuar desta forma. Ou Vladimir Putin para ou será parado — diz.

Lviv é também, nestes dias, uma cidade desconfiada. Do lado de fora do café, ergo o celular para fotografar a placa indicando o nome da rua. Naquele instante, uma mulher me observa. Vem até mim e começa a lançar uma série de xingamentos.

— Jornalista! Brasil! — identifico-me.

Ela insiste nas críticas, apontando o dedo para cima da placa que aparece em minha lente. Só então me dou conta de que, próximo à identificação do nome da rua, há sirenes. As esquinas do centro de Lviv, onde ficam prédios magníficos como o da ópera, estão crivadas desses equipamentos. Quando elas tocam de dia, a orientação é procurar o abrigo antiaéreo mais próximo. À noite, o jeito é buscar proteção nos porões dos prédios ou em bunkers de hotéis.

A presença de um desconhecido caminhando por ruas relativamente silenciosas do centro provoca certo incômodo entre moradores. Percebo que sou observado. Próximo ao prédio da prefeitura, outra mulher resmunga, incomodada, cada vez que aponto a câmera para uma edificação. Ela me segue e, cada vez que fotografo um local, me xinga.

Em Kharkiv, os russos atacaram com um míssil prédios da administração regional, matando 10 pessoas e ferindo 20. Não é difícil imaginar algo semelhante em Lviv, uma cidade que se tornou estratégica para os dois lados. Um ataque aqui cortaria parte da linha de suprimentos do Ocidente. Alguns países transferiram para cá suas embaixadas. Uma ofensiva aqui, próximo às fronteiras de Hungria e Polônia, colocaria a Europa muito perto de um confronto direto entre a OTAN e a Rússia.

Caminho por cinco quilômetros entre o centro e a rua Knyahyni Olgi. Mesmo fora da histórica cidade velha, passo por dezenas de prédios com sacos de areia nas entradas. Há muitos civis com fuzis nas mãos. A cidade se arma para a guerra. Cercas de prédios públicos estão sendo cobertas com lona branca para dificultar a visão de um inimigo que pode avançar casa a casa. Perto do hotel Sputnyk Conference, há barricadas em frente a um grande prédio com antenas de telecomunicação no terraço. Não é difícil adivinhar que, diante de uma ofensiva na cidade, esse seria um alvo estratégico. Calculo a distância do hotel e me questiono se uma bomba cair ali também teria reflexos no Sputnyk. Acelero o passo. Preciso ficar distante.

Enquanto estou em Lviv, a usina nuclear de Zaporizhia, na cidade ucraniana de mesmo nome, é tomada pela

Rússia, horas depois de um ataque provocar um incêndio de grandes proporções em um dos prédios do complexo atômico, o maior da Europa. Segundo o Serviço de Emergência do Estado da Ucrânia, depois de ser alvejado, o edifício de treinamento começou a pegar fogo. Além da ameaça de Putin de que o mundo testemunharia "consequências nunca vistas na história", caso os países da OTAN interferissem na guerra, a preocupação agora é com um possível vazamento. Os fantasmas de Chernobyl, a quase 700 quilômetros de Zaporizhia, ainda pairam sobre a Ucrânia.

Apesar de autoridades ucranianas e da Agência Internacional de Energia Atômica (AIEA, na sigla em inglês) afirmarem que os reatores da atual usina não foram atingidos e que não houve escape de material radioativo, o risco de uma catástrofe semelhante àquela ocorrida em 1986 acende o alerta, levando a Organização das Nações Unidas (ONU) a convocar uma reunião de emergência. Líderes como o francês Emmanuel Macron e o americano Joe Biden se manifestam, antecipando os impactos de um possível desastre.

— Existe risco claro de acidente nuclear — declarou à BBC o argentino Rafael Mariano Grossi, diretor-geral da AIEA.

O governo ucraniano disse que um acidente em Zaporizhia seria 10 vezes pior do que Chernobyl.

Como é estar em um país onde, além da guerra, é preciso se preocupar com um vazamento nuclear? Apavorante. As ameaças que não vemos são as piores. Basta a notícia de que há risco iminente de acidente na usina chegar ao Brasil para que meu celular seja, de novo, inundado por mensagens de preocupação.

Felizmente, horas depois, confirma-se a informação de que tudo não passara de um susto. Por volta das 23h (de Brasília), a AIEA afirmou que não houve alteração nos níveis de radioatividade do complexo. Pela manhã, por volta de 6h, forças russas ocuparam a usina. O incêndio foi controlado. Um funcionário da Energoatom, empresa estatal que administra as quatro estruturas nucleares da Ucrânia, ratificou que não havia mais confrontos e que a radiação estava em níveis normais.

Poupada até então, Lviv perdeu a inocência em 26 de março, quando mísseis russos destruíram um grande depósito que fornecia combustível para as tropas ucranianas na região ocidental da Ucrânia. Não houve feridos. Os bombeiros demoraram 14 horas para apagar o fogo. Putin ultrapassou uma linha vermelha. Outros ataques foram registrados na cidade e arredores nas semanas seguintes.

A ofensiva a Lviv é grave não só por se tratar de uma área estratégica, a menos de cem quilômetros de um país da OTAN. Falo do ponto de vista humanitário. Bombardeios colocam a cidade cheia de refugiados ucranianos e estrangeiros na mira. Também embaixadas, como a dos Estados Unidos e do Brasil, mudaram suas operações para cá. Ao atingir Lviv, Putin manda um recado ao mundo. Quer assustá-lo, sim. No mínimo, advertir o Ocidente a suspender a ajuda militar e financeira à Ucrânia.

Lviv sente os efeitos da guerra. Por volta das 18h, cruzo a rua Knyahyni Olgi em busca de comida. Calculo estar sem me alimentar há pelo menos 10 horas. A última "refeição" fora o sanduíche que a psicóloga me alcançara, na estação de trem, no final da madrugada insone.

No supermercado, algumas prateleiras estão vazias. Faltam massa, arroz e água. Itens de higiene começam a ficar escassos. O toque de recolher, em vigor à noite, obriga os moradores a buscar mantimentos durante o dia, o que gera filas em estabelecimentos e corre-corre no final da tarde. Os saques em caixas eletrônicos também são limitados. Consigo uma pizza e duas garrafas de água.

Volto para o hotel antes do anoitecer. No meu quarto, abro a caixa de papelão da pizza. Não há prato, talheres ou guardanapo. Estou prestes a comer a segunda fatia quando as sirenes antiaéreas disparam. A fome vai ter de ficar para depois.

Quando as sirenes tocam

Cedo ou tarde, ia acontecer. É a rotina da guerra. Mas, mesmo estando preparado, é estranho. É angustiante. Você sabe que virá, prepara-se psicologicamente para quando as sirenes tocarem, mas, quando acontece, por mais treinado que esteja, física e emocionalmente, é diferente. Você se pergunta:

— São elas?

Há o período de negação. Não, deve ser o som de alguma ambulância, você pensa. Mas o som não para. Você apura o ouvido: não para. São elas, mesmo. Agonizantes, elas continuam, num tom só, a ecoar estridentes pela cidade inteira.

Sabe quando você está parado no trânsito e, lá atrás, ouve uma ambulância se aproximando? Você sabe que é urgente, olha pelo retrovisor e vê que o veículo não consegue avançar no meio do congestionamento. Então, você buzina para que o motorista a sua frente avance. Força espaço para um dos lados. Desespera-se só de imaginar que alguém pode estar morrendo lá dentro daquele veículo porque você demora para abrir espaço. Com dificuldade, então, você consegue cavar algum buraco no congestionamento. E a ambulância passa.

Com as sirenes antiaéreas, a angústia é parecida. Só que o som ocupa todos os cantos do seu quarto. São intermináveis 15 minutos. Pelo menos.

São 22h09min de quinta-feira, 4 de março. Pelo horário de Brasília, 17h09min. Nove minutos atrás, teve início o toque de recolher em Lviv. O ideal é preparar uma mochila para quando as sirenes tocarem e você precisar deixar, às pressas, o quarto. Não é o meu caso: estou com o notebook aberto, dois smartphones carregando em tomadas diferentes e recém tirei os calçados. Estava comendo um pedaço de pizza.

Um pouco antes, ao fazer o check-in no Hotel Sputnik Conference, a recepcionista me incluíra no grupo de hóspedes no Telegram.

— Em caso de risco de ataque e com as sirenes ecoando, uma mensagem será enviada — alertou.

É necessário, então, correr para o abrigo, seguindo cartazes indicativos do local. Quando ocorre, é preciso sair do quarto o mais rapidamente possível. Funcionários do hotel passam pelos corredores batendo nas portas.

Encaro rapidamente um dilema: gravar as imagens e o som pela janela ou correr para o abrigo? Opto por registrar o cenário. Abro a janela do quarto em meio ao som estridente. Uma golfada de ar frio enrijece meu rosto. Tento segurar o celular com firmeza, mas minhas mãos tremem. No corredor, uma mulher continua batendo às portas dos quartos. Ela insiste no meu. Bate forte. Sigo gravando o cenário lá fora. Há um vazio, quebrado apenas por um carro que cruza rapidamente a avenida.

Em segundos, penso: e se nesse período em que estou gravando, uma escapada às regras em nome do jornalismo, um míssil cair aqui perto? Preciso cumprir meu dever, afasto julgamentos. Um minuto e meio depois, com as cenas registradas no celular, calço os sapatos e pego o passaporte sobre a mesa. Desço quatro andares de escada com uma mão ligando para a Rádio Gaúcha e com a outra gravando o movimento dos hóspedes em marcha acelerada para o subterrâneo do hotel.

— Me põe no ar! Tá tocando a sirene antiaérea aqui! — digo ao produtor Pedro Alt, às 17h11min no Brasil.

O programa Chamada Geral, da Rádio Gaúcha, está nos minutos finais, mas preciso registrar ao vivo aquele cenário. Quando piso no bunker, já há pelo menos três dezenas de pessoas no interior. Para o público brasileiro, consigo relatar, ainda que ofegante e nervoso, o corre-corre de uma cidade com medo. Continuo falando, sem perceber que o sinal de celular está intermitente.

— Caiu, Lopes — diz Pedro, às 17h16min, pelo WhatsApp.

— Mas dei o recado, né? — pergunto.

— Sim, muito bom! — ele responde.

No Hotel Sputnyk Conference, onde estou hospedado, a cinco quilômetros do centro da cidade, o abrigo antiaéreo é improvisado em dois recintos. O bunker se assemelha a uma sala de aula, com classes e cadeiras. Brinquedos, livros infantis e lápis são passatempos para crianças.

Há muitas delas hospedadas no hotel, a maioria recém-chegada de cidades como Kyev, Kharkiv e Mariupol.

No abrigo, enquanto pais tentam entreter os filhos com o que há disponível, outros hóspedes ficam apenas sentados à espera que o som, lá fora, termine. Há os que conversam, tentando manter certo ar de normalidade. Mas, em geral, a expectativa é a mesma: ouvidos voltados para o exterior do prédio, adivinhando uma explosão. O tempo de duração das sirenes varia conforme a ameaça. Nesta noite, foram cerca de 20 minutos. Felizmente, não houve registro de ataques.

Às 22h18min (17h18min), recebo no WhatsApp uma mensagem de Pedro:

— Tudo certo por aí?

— Tudo. Acho que acabou — respondo.

Meu desejo é voltar ao ar na Rádio Gaúcha para informar que tudo está bem, ou, ao menos, o mais próximo possível do "bem". Nessas horas, o Rodrigo repórter se mistura ao Rodrigo filho, sobrinho, namorado, amigo, todos os papéis sociais que desempenhamos ao mesmo tempo. De novo, meu celular é inundado por mensagens preocupadas vindas do Brasil. Mas, antes que eu peça para voltar ao programa para informar que o perigo maior já passou, Pedro me avisa:

— Demos no ar que estava tudo bem, até para tranquilizar todo mundo.

Respiro aliviado.

Sirenes antiaéreas são rotina em qualquer guerra — já havia passado por essa situação em Israel, no conflito com o Hezbollah, em 2006. Mas é sempre ruim. É sempre tenso. E dura uma eternidade.

Tão perto, tão longe

Vladmir, o marido de Vanessa, nasceu em Moscou, quando a Rússia integrava a União Soviética. Ele mudou-se para o Brasil com os pais aos sete anos. Conheceu a futura esposa na Faculdade de Biologia no campus de Sorocaba da Pontifícia Universidade Católica de São Paulo (PUCSP). Estão casados há 13 anos. Com dupla cidadania, Vladmir fala russo e português.

Poucos chamam Vladmir pelo nome. Para Vanessa, por exemplo, ele sempre foi o "Russo". Mas o apelido, nos dias atuais, virou um problema: morar na Ucrânia e ser chamado de Russo põe a família em perigo.

Ainda assim, durante a fuga entre Kyiv e Lviv, o brasileiro optou pelo idioma do país de Vladimir Putin para se comunicar. A estratégia, ainda que arriscada, dera certo até ali. Todos os haviam ajudado, entendendo que ele e Vanessa eram, antes de tudo, vítimas.

Quando o casal chegou exausto a um prédio em Lviv, Vladmir viu a síndica, Sandra, se aproximar com cara de poucos amigos.

Olha, não entendo ucraniano. Posso falar em russo? — perguntou Vladmir.

Sandra não gostou, e uma discussão teve início. Na portaria, cinco civis armados perceberam a chegada dos estranhos. "A gente está em um país em guerra, qualquer um pode nos matar sem justificativa", pensou Vanessa, no minuto em que começou a chorar.

— Você está fazendo minha mulher chorar — irritou-se Vladmir. — Ela está grávida — gritou.

A discussão continuou por longos minutos. Um dos civis armados acompanhou o casal até uma guarita. Não estava clara a razão do incômodo de Sandra. Vanessa, muito nervosa e cansada, sentiu o fuzil a 10 centímetros do corpo.

— Vocês acham que sou espião? — questionou Vladmir. — Olha aqui meu Instagram, sou brasileiro! — insistiu.

Por fim, Sandra se convenceu de que os dois não representavam ameaça. Pediu até desculpas pelo mal-entendido. No apartamento, antes de descansar, o casal ainda recebeu a ligação de um conhecido: o homem que arrumara o imóvel para ficarem na cidade.

Você é russo e não me avisou? — questionou o amigo. — A gente tem de tirar vocês daí. Eles vão matar vocês!

O casal não sabia, mas, àquela altura, no grupo de mensagens do prédio, alguém havia escrito: "Há russos entrando no edifício". A desconfiança de Sandra começava a fazer sentido.

Mas não sou russo — tentou explicar, de novo, Vladmir. — Sou brasileiro.

Imediatamente, ele fotografou o passaporte e passou a enviar as imagens do documento ao amigo. O mal-entendido foi desfeito. Mas, por via das dúvidas, antes de dormir, Vanessa revisou várias vezes portas e janelas do apartamento. "E se alguém achar que a gente é mesmo russo e vier aqui nos matar?", imaginou.

Uma viagem entre Kyiv e Lviv, em tempos normais, dura, em média, cinco horas. Matheus e os amigos levaram 15 horas. Os três carros do comboio da diplomacia brasileira deixaram a capital da guerra cedo da manhã. No percurso, havia sinais de uma metrópole de 2,8 milhões de habitantes que se preparava para resistir: barreiras militares com muitos civis e olhares de desconfiança. Alguns combatentes vestiam roupas camufladas, outros usavam capacetes improvisados. Os homens falavam grosso, mesmo diante do embaixador brasileiro que, a cada interrupção, ordenava calmamente aos passageiros no veículo:

— Sem responder, só desçam do carro.

Todos desciam e levantavam os braços, enquanto armas eram apontadas em sua direção. Eram revistados. Os passaportes, analisados. Depois de cinco ou seis minutos, eram liberados. Matheus ficava tenso. Nunca tivera uma arma apontada para sua cabeça. Muito menos um fuzil. Até Lviv, essa situação se repetiria quatro vezes. Foram mais de 20 barreiras. Para piorar, em alguns momentos, as sirenes de ataque antiaéreo soavam. Não havia bunker para o qual correr. E eram muitos congestionamentos. No entorno das cidades maiores, demorava-se quase uma hora para ingressar nas áreas centrais.

Foram 11 horas de viagem até a primeira parada, onde o grupo dormiu. No dia seguinte, seguiram até Lviv. Chegaram no início da tarde, após mais de 650 quilômetros percorridos. Era 2 de março. Por iniciativa da embaixada, o grupo foi hospedado no hotel Sputnyk. O local passou a sediar a representação diplomática do Brasil na Ucrânia, diante da falta de segurança em Kyiv. Uma operação para cruzar a fronteira para a Polônia estava agendada para o dia seguinte, mas ainda faltava acertar detalhes junto às forças de segurança ucranianas. Esperançoso, Matheus postou uma foto no Instagram anunciando que estava, finalmente, prestes a deixar a Ucrânia.

Por volta das 7h da manhã em Lviv, Vanessa e Vladmir receberam um telefonema. Era Sandra, a síndica com a qual haviam se desentendido na noite anterior.

— Sua esposa está grávida? Acabei de marcar dois médicos para ela. Em 40 minutos, passo aí para pegar vocês — avisou a mulher.

Os dois quase não acreditaram: o início da guerra, as primeiras bombas, o bunker, o pandemônio da estação em Kyiv, as sucessivas viagens, o medo de que fossem abandonados no meio do caminho, no escuro... O tempo todo confiaram em desconhecidos: a incerteza, a discussão da noite anterior, tudo vinha à mente de Vanessa naquele momento. Mais: ela chegara a Lviv sem saber se o bebê em sua barriga estava vivo. E agora, justamente da mulher que desconfiara que eles fossem informantes russos, ouvia aquilo:

— Acabei de marcar dois médicos para ela!

"Só pode ser obra de Deus", pensou Vanessa. A clínica, de alto padrão, ficava no térreo do prédio onde estavam abrigados. Vanessa desceu. Quando estava prestes a ser atendida, as sirenes antiaéreas voltaram a tocar. Ela e outras gestantes precisaram correr para o bunker: a brasileira não aparentava a gravidez, enquanto outras mulheres estavam com oito, nove meses de gestação. Todas tiveram de esperar no abrigo subterrâneo o perigo passar. Havia medo? Sim. Mas, àquela altura, Vanessa só queria saber o que a médica diria sobre a ultrassonografia:

— Tá batendo o coração. Tá tudo certo — ouviu Vanessa, durante o exame.

Em seu ventre, Manuella, a Manu, também era uma sobrevivente da guerra.

A foto publicada por Matheus no Instagram, informando que deixaria a Ucrânia no dia seguinte, acendeu um alerta a 10,8 mil quilômetros de Lviv, do outro lado do Oceano Atlântico, em Sorocaba, São Paulo. A irmã mais nova de Vanessa, Andressa, fez *print* do post e enviou para o casal. Vanessa e Vladmir entenderam: enfim, poderiam deixar a Ucrânia. Chegara a hora de uma conversa difícil.

Você vai voltar com Thor. Você está grávida. Eu vou ficar, porque ainda quero recuperar nossas coisas e o material que ficou no laboratório em Kyiv — disse Vladmir.

Vanessa também não queria perder o trabalho, um investimento de tempo e dinheiro de vários meses. Mas não era simples deixar o marido para trás.

— Se vais ficar em Lviv, tudo bem. Só volta a Kyiv quando tiver certeza de que é seguro — orientou Vanessa.

— Se for assim, eu te apoio.

Acordo feito, ela entrou em contato com a embaixada brasileira. O plano dos diplomatas era percorrer de carro, em comboio, os 80 quilômetros entre Lviv e a fronteira polonesa. De lá, o grupo de 17 pessoas seria conduzido até a capital, Varsóvia. Um avião da Força Aérea Brasileira (FAB) decolaria do Brasil levando comida e remédios para os refugiados. No retorno, repatriaria os brasileiros.

— Fiquei sabendo que vai ter uma evacuação amanhã. Quero saber se posso ir com vocês: eu e o meu cachorro — disse Vanessa ao diplomata que a atendeu.

— Sem problemas, você pode ir com a gente. Esteja no hotel Sputnyk às 7h. Traga o mínimo de coisas possíveis.

Vanessa preparou uma mochila. À noite, quando tudo parecia estar certo para que deixasse o inferno da guerra, o telefone tocou:

— Temos um problema: a FAB não transporta animais braquicefálicos, de focinho curto.

Ela tremeu. Vanessa sabia: companhias aéreas evitam levar cães como Thor porque há risco de morrerem a bordo. Na pressa de fugir de Kyiv, ela esquecera os documentos do mascote, que atestavam sua saúde. Vladmir não teria condições de ficar com Thor. Voltaria para a capital a qualquer momento. Desesperada, Vanessa chorou. Chegara tão perto da fronteira, havia superado noites em sobressalto. Sua bebê estava viva. Mas, agora, Vanessa estava ali, sem poder levar para o Brasil seu cão, idoso, companheiro de 13 anos.

Ela desligou o telefone aos prantos. Faltavam menos de 10 horas para sair do país, aquilo que mais desejara depois de vários dias de desespero. Mas estava decidida: sem Thor, não iria. Vanessa enviou mensagens para várias contas no Instagram: Presidência da República, Ministério da Agricultura, FAB. Quando estava quase desistindo, lembrou de Luisa Mell, influenciadora digital e defensora dos direitos dos animais. Conseguiu o telefone com uma repórter que a havia entrevistado. Mandou uma mensagem pelo WhatsApp. Não havia sinal de que Luisa lera. Então, arriscou mais uma vez: telefonou.

Luisa atendeu.

— Alô, Luisa Mell? — perguntou Vanessa.

A influenciadora não respondeu, mas Vanessa sentiu que, do outro lado, alguém a estava ouvindo.

— Luisa, por favor, me ajuda! Eu tô na Ucrânia! Eu preciso levar meu cachorro para o Brasil! Não consigo levar porque a FAB não permite! — apelou.

À medida que falava, Vanessa percebia que Luisa, do outro lado, começava a se emocionar. Conversaram.

— Calma, faz um vídeo, explica a situação e me manda — orientou Luisa.

Vanessa desligou o telefone, foi até o quarto, limpou as lágrimas e começou a gravar:

— Oi, Luisa, meu nome é Vanessa. Eu moro na Ucrânia, morava em Kyiv. Tive que sair correndo por causa do bombardeio. Eu me mudei para a fronteira com a Polônia. Eu estou muito nervosa, deixei tudo para trás, trouxe o que mais importava e, uma das coisas, é meu cachorro. E eu estou prestes a ser evacuada pela embaixada do Brasil. Só que tem um problema: a FAB se recusa a transportar cachorros de focinho curto. E, além disso, o MAP (Ministério da Agricultura e Planejamento) exige a papelada para poder transportar o cachorro. Só que eu estou saindo correndo do país, não tenho condições de fazer esses papéis agora, porque leva tempo. Eu já tô muito nervosa com toda a situação, é tudo muito difícil. E eu preciso levar meu cachorro. Eu não vou deixá-lo para trás, não tenho como fazer isso. Então, vim aqui fazer um apelo: para que esse vídeo chegue até a Força Aérea Brasileira, que eles me deixem transportá-lo. Eu sei que vai ser meu o risco. Sei que muitas companhias não transportam cães de focinho curto, porque podem morrer. Mas é por minha conta e risco. Entendo que o MAP precisa da documentação. Quando trouxe meu cachorro para a Ucrânia, fiz toda a documentação necessária, eu fiz tudo certinho. Só que agora não é uma situação comum, é uma situação de emergência. Eu preciso sair, preciso levar meu cachorro. Não sei mais com quem falar, o que fazer, eu não sei a quem recorrer. Eu mandei mensagem para todo mundo, para o presidente, para o Itamaraty, para a FAB... Só preciso evacuar meu cachorro. Só preciso chegar no Brasil com meu cachorro. Peço ajuda de quem puder para que essa mensagem chegue ao presidente, à FAB, a quem puder me ajudar. Só preciso transportar ele...

O post de Luisa Mell com o vídeo comovente de Vanessa ganhou as redes e sensibilizou muitos brasileiros. O jornalista André Trigueiro, da GloboNews, compartilhou as imagens acompanhadas da mensagem:

"Ouça o apelo da Vanessa Rodrigues. Ela abandonou tudo na Ucrânia (menos seu cachorro) para voltar ao Brasil no avião da FAB a partir da Polônia. Mas já foi avisada que o animal não poderá vir junto. Por favor, veja se é possível atendê-la. Vanessa está grávida, e já disse que não poderá deixar seu cãozinho (a quem chama de filho) para trás. Agradecemos a atenção! Estou aqui endossando o apelo feito pela amiga @luisamell, protetora dos animais. São muitos torcendo para que essa história tenha um final feliz!"

Às 3h da madrugada na Ucrânia (22h em Brasília), Vanessa acordou para ir ao banheiro. Seu celular tinha uma chamada do Brasil. A assessora do deputado Fred Costa (Partido Patriota), também defensor das causas dos animais, dizia para ela ficar calma. Os trâmites junto ao Ministério das Relações Exteriores estavam avançados. Havia grandes chances de Thor embarcar.

— Fica tranquila — disse a funcionária.

Quando amanheceu, a menos de cinco horas da saída do comboio, um diplomata da representação brasileira na Polônia telefonou para Vanessa:

— Traga seu cachorro. Vai dar tudo certo.

Os destinos de Vanessa e Matheus se cruzam com o meu no hall do hotel Sputnyk, em Lviv. A saída do comboio com os brasileiros está marcada para as 11h, mas, desde as 7h, o gaúcho está pronto: check-out feito e com mochila às costas.

"Desta vez, não fico para trás", pensou Matheus. Impaciente, ele caminha pela recepção. Não desgruda os olhos dos carros dos diplomatas brasileiros.

A expectativa de chegar em casa é um sentimento de vida que recomeça — diz Matheus.

Vanessa chega de Uber com Vladmir e Thor. O buldogue francês desembarca do veículo com pinta de estrela das redes sociais. Todos os brasileiros do grupo já o reconhecem. O vídeo gravado por Vanessa cruzou meio mundo, chegou a Brasília e, agora, fazia o caminho inverso e tornava Thor famoso. Em outro vídeo, gravado pela equipe do Itamaraty no hotel, os diplomatas querem mostrar que o cão, depois de idas e vindas, vai embarcar. Mas Thor está impaciente. Ele puxa Vanessa, fugindo do enquadramento da câmera.

— Vanessa, você está muito mal — diz a mãe, no Brasil, ao ver o semblante de cansaço da filha pelas redes sociais nas imagens gravadas pelo governo.

O hotel serve como base para os poucos jornalistas brasileiros que estão na Ucrânia. Todos deixaram Kyev nas últimas horas devido à insegurança. Não somos mais do que cinco no país atualmente. É ali que encontro os colegas Sérgio Utsch, do SBT, parceiro de outras coberturas espinhosas mundo afora, e Yan Boechat, que está fazendo reportagens para a Band.

Às 11h, pontualmente, o comboio brasileiro, composto por três carros, parte rumo à fronteira com a Polônia. Viajo no primeiro carro, dirigido pelo embaixador Norton de Andrade Mello Raspeta. Estou no banco de trás, ao lado de Matheus, que segura uma bandeira do Brasil. Se tudo der certo, este será o último trecho pela Ucrânia em guerra.

A saída de Lviv é sob tensão. Escoltado pelas forças armadas ucranianas, o comboio avança em alta velocidade. Tento me concentrar no cenário para descrevê-lo, mas estou preocupado com possíveis bombas vindas lá de cima. Entro ao vivo na Rádio Gaúcha. O sinal do celular vai ficando mais fraco à medida que deixamos a cidade rumo ao interior — e se esvai completamente na sequência. Passamos por sete barreiras de proteção da cidade. Como a evacuação dos brasileiros está articulada com as autoridades do país, nosso comboio não é parado em nenhuma. Em cada uma, vejo civis vestindo coletes refletores, alguns com os rostos cobertos com balaclavas pretas e portando revólveres e armas rudimentares. Há sacos de areia, estruturas de metal e muitos pneus. A cada passagem, em alta velocidade, observo vilarejos fantasmas. Os poucos moradores que restam se preparam para a defesa da comunidade. Boa parte da proteção é feita por cidadãos comuns.

Entre outros brasileiros, estão no comboio Francisco Carlos Baiadori Júnior, sua esposa, Jeniffer, e o filho, Israel — além do cachorrinho Max, um dachshund. Estranho a alegria na voz do menino de sete anos, o falante de nosso grupo. Ele comenta sobre o frio, fala das lembranças do Brasil e da vida que deixou para trás, em Dnipro, quarta maior cidade da Ucrânia.

Francisco me explica a razão de tamanha alegria do filho: para que Israel não percebesse que a família estava fugindo da guerra, o pai, que é pastor da Igreja Universal do Reino de Deus, e a mãe inventaram que eles estavam iniciando uma grande aventura: a expedição cruzaria a Ucrânia, passaria pela Polônia e por outros lindos e mágicos lugares da Europa. A sublime tática me emociona. Imediatamente, me vem à mente o filme "A vida é bela", que conta a história de um pai que, durante a II Guerra Mundial, num campo de concentração, usa a imaginação para fazer o filho acreditar que estão participando de uma grande brincadeira, com o intuito de afastá-lo do terror e da violência que os cercam.

Nosso comboio se aproxima da fronteira polonesa. Prevejo o destino pelo número de carros, que aumenta vertiginosamente. Logo, forma-se um grande congestionamento: há veículos em todas as posições parados de frente, de lado, com os porta-malas abertos, cobertos por lonas que conformam barracas. Não há ordem aparente. Enquanto nosso carro avança, à minha direita registro rapidamente uma cena que me persegue até hoje: uma mulher olha em direção ao território da Polônia, enquanto, intrigado, um menino observa, com a mão no queixo, o objeto que está a seus pés: um conjunto de metais pontiagudos e retorcidos usados para furar pneus. São vários, amarrados por uma corrente. Trata-se de um equipamento de guerra examinado, com curiosidade inocente, por aquele garoto.

No carro dos diplomatas brasileiros, passamos à frente daquelas pessoas. Sinto-me imensamente grato quando a cancela na fronteira ucraniana é levantada e ingressamos na chamada "terra de ninguém", aquele vácuo territorial em que já estamos fora de um país, mas ainda não ingressamos em outro. Dentro de alguns metros, estarei na Polônia, na União Europeia. Mas não estou feliz. Na verdade, sinto-me até envergonhado. Tenho o privilégio de ir embora, enquanto milhões de ucranianos ficam para trás, como aquele menino e sua mãe. Penso neles todos os dias, torço para que também tenham cruzado a fronteira naquela tarde fria em que deixei a Ucrânia sem paz. Não sei. Estavam tão perto. Estavam tão longe.

Epílogo

Enquanto este livro era escrito, Vanessa estava com sete meses de gestação. O casal decidira que o parto de Manuella seria em Sorocaba, São Paulo. Vladmir voltara a Kyiv para organizar os materiais deixados no laboratório e continuar o trabalho, apesar da guerra. Thor, o buldogue do casal, estava bem, com Vanessa, que esperava o fim do conflito para voltar à Ucrânia. Eles ainda não tinham muitas informações sobre Larissa, a vizinha que os ajudara a fugir da guerra. Vanessa se referia a ela como um anjo da guarda. A jovem que o casal auxiliou nos primeiros dias de bombardeio estava a salvo, no interior da Ucrânia, junto da família.

Matheus passou a morar em Santa Rosa, no Rio Grande do Sul, onde defendia a equipe do Santa Rosa de futsal. Moreno e Karine estavam na Alemanha. David vivia em São Paulo. Anton, jogador que dividiu o quarto com Matheus e que também era policial em Kyiv, seguia lutando na guerra.

Alexander Nosachenko, o Alex, que deixara o cargo de CEO de uma multinacional para pegar em armas para defender a capital da Ucrânia, também permanecia no front.

Os restos mortais de André Hack Bahi haviam sido cremados e seriam entregues à família, no Ceará. O gaúcho recebeu uma medalha póstuma do governo ucraniano pelo trabalho prestado em defesa do país. A bandeira do Brasil com a qual ele costumava aparecer em fotos nas redes sociais foi exibida como troféu de guerra por um combatente checheno que apoiava os russos, em junho. O episódio revoltou a família. Outros dois brasileiros haviam morrido no conflito até então: o também gaúcho Douglas Búrigo e a paulista Thalita do Valle.

A cobertura do Grupo RBS, que deu origem a este livro, ocorreu entre 24 de fevereiro, primeiro dia da guerra, e 7 de março de 2022. Foram percorridos 1,8 mil quilômetros de carro, passando por cinco países e oito hotéis em 11 dias. Este relato não tem a pretensão de ser um retrato consolidado da crise internacional. Ao contrário, busca revelar um recorte da guerra e as histórias de personagens encontrados ao longo do caminho, cujas vidas foram atingidas pelo conflito.

Em julho, o conflito chegou a um impasse. A Rússia continuava bombardeando a capital, Kyiv, mas com menos intensidade, depois que a ocupação da cidade foi rechaçada pela forte resistência ucraniana. O Kremlin passou a concentrar esforços na região do Donbass, onde ficam as áreas separatistas de Donetsk e Luhansk. Importantes cidades ucranianas como Mariupol, Odessa e Severodonetsk foram ocupadas pelas tropas de Vladimir Putin. O governo russo dizia que a ofensiva só terminaria com a rendição da Ucrânia. O governo Volodymyr Zelensky também não recuava. A Rússia ocupava 20% do país vizinho. As negociações para um cessar-fogo haviam fracassado até então. O conflito produziu mais de 7,7 milhões de refugiados, a maior onda na Europa desde a II Guerra Mundial (1939-1945).

O número de mortos na guerra é impreciso. Ninguém sabe quantos combatentes e civis morreram. A contagem de vítimas é feita pelas autoridades ucranianas e russas, que exageram ou fazem estimativas deliberadamente baixas por motivos de propaganda, o que torna praticamente impossível confirmar dados de forma independente.

Putin é suspeito de ter praticado crimes de guerra ao atacar populações civis. Bucha, onde corpos ficaram pelas ruas, e Mariupol, a Dresden do século XXI, cidades covardemente bombardeadas, entraram para o hall da infâmia da história mundial.

A guerra na Ucrânia provocou mudanças geopolíticas que permanecerão para além do conflito: Finlândia e Suécia, países historicamente neutros, iniciaram processos de adesão à OTAN. A União Europeia acelerou a entrada do país atacado no bloco econômico. O preço do petróleo disparou. A OTAN, em reunião de cúpula, em junho, deu início a uma das maiores reformulações estratégicas de sua história: nos documentos oficiais, a Rússia deixou de ser "parceira estratégica" para virar "ameaça". A invasão da Ucrânia também fez com que as nações europeias revissem seus orçamentos militares. O chanceler alemão, Olaf Scholz, disse que seu país terá o maior exército convencional da Europa.

Ao longo do século XX, a Alemanha enfraquecida era a base do equilíbrio europeu. Potências como Reino Unido e França impuseram ao país punições por seu imperialismo, que começaram no Tratado de Versalhes, em 1919 — causando ressentimento por parte dos alemães, o que ajudou a fazer ascender o nazismo. Essa contenção foi coroada no pós-II Guerra. Seu exército foi reduzido drasticamente após a Guerra Fria.

Desde a invasão da Ucrânia, entretanto, a Alemanha revogou sua proibição de exportar armas letais para zonas de conflito e anunciou bilhões de euros em orçamento de defesa. O mesmo ocorreu com outras nações do continente, até então, pacíficas. Putin desequilibrou a balança do poder.

A Europa estava se armando.

Agradecimentos

A escrita é um ato solitário, mas a cobertura de uma guerra e a jornada de um livro são feitas a muitas mãos.

Obrigado a meus pais, Rejane e Darcy (*in memoriam*), pela vida, amor, princípios e por acreditarem que a educação muda o mundo.

A todos os meus familiares, em especial Ana e Osvaldo (*in memoriam*), Tânia e Arisoli, Simone, Priscila e Rafaela, Luciana e Miguel e João e Larícia.

A Fran, meu amor, pela torcida, pelas madrugadas de produção informal da cobertura e pelo "vai" na hora em que a balança pesou para o lado do medo.

A Mara e Jorge (*in memoriam*), que me deram o amor da minha vida.

Aos amigos de hoje, de ontem e de sempre, em especial Luciano Wilson, Telmo Lazzari e Marcelo Monteiro.

Ao Grupo RBS, em especial Jayme Sirotsky, Nelson Sirotsky e Claudio Toigo, por investirem em jornalismo independente e profissional.

A Marta Gleich, Nilson Vargas e Dione Kuhn, gestores do Grupo RBS, por perceberem que o dia 24 de fevereiro de 2022 teria impactos prolongados no século XXI. Eles viabilizaram e apoiaram a cobertura que deu origem a este livro.

Aos demais colegas do Grupo RBS, em especial Andressa Xavier, Diego Araújo, Pedro Moreira, Rosane de Oliveira, Sandro Silveira, Kelly Matos, Leandro Fontoura, Carlos Etchichury, Jefferson Botega, Humberto Trezzi, Carlos Rollsing, Lúcio Charão e a todos os comunicadores, editores, fotógrafos, produtores, operadores técnicos, analistas, estagiários e assistentes que facilitaram essa cobertura, apoiaram e colocaram no ar, na rádio, no jornal e na internet os conteúdos que inspiraram este livro.

A Marcelo Rech, pela inspiração e por ter sido um dos pioneiros do jornalismo internacional no sul do Brasil.

A Guga Chacra, que aceitou imediatamente o convite e, com carinho, escreveu o prefácio deste livro.

À BesouroBox, Marco, André, Maitê, Bruna e equipe, pela parceria neste projeto.

A todas as pessoas que encontrei no caminho dessa cobertura e que me deram a honra de contar suas histórias.

E, claro, a todas e todos os leitores, ouvintes e espectadores, razão de ser do jornalismo que pratico. Obrigado por nunca terem me deixado só.